U0655037

品读桐江名人

桐庐县社会科学界联合会 编

团结出版社
UNITY PRESS

图书在版编目（CIP）数据

品读桐江名人／桐庐县社会科学界联合会编. -- 北京：
团结出版社，2023.3
ISBN 978-7-5234-0058-6

Ⅰ. ①品… Ⅱ. ①桐… Ⅲ. ①历史人物-列传-桐庐县
Ⅳ. ①K820.855.4

中国国家版本馆 CIP 数据核字（2023）第 044906 号

出　　版：团结出版社
　　　　　（北京市东城区东皇城根南街 84 号　邮编：100006）
电　　话：（010）65228880　65244790
网　　址：www.tjpress.com
E－mail：65244790@163.com
出版策划：力扬文化
经　　销：全国新华书店
印　　刷：成都兴怡包装装潢有限公司

开　　本：170mm×240mm　1/16
印　　张：15
字　　数：209 千字
版　　次：2023 年 3 月第 1 版
印　　次：2023 年 3 月第 1 次印刷

书　　号：ISBN 978-7-5234-0058-6
定　　价：58.00 元
　　　　　（版权所属，盗版必究）

编 委 会

主　任：刘曙辉

副主任：楼双林

成　员：周保尔、董利荣、王樟松

　　　　李　龙、吴宏伟

序

潇洒桐庐，地灵人杰。

千百年来，桐庐这方钟灵毓秀之地，潇洒文明之邦，孕育了代代杰出乡贤；天下独绝的奇山异水，又吸引历代名人雅士，来此渔樵归隐，寻诗觅画。无论本土先贤，还是外来名流，他们的足迹业绩，都已经与桐庐山川融为一体，难解难分。历代名人，在桐庐的历史社会发展进程中，发挥了重要的作用，是桐庐人文史上的宝贵财富。

为了深入挖掘名人与桐庐的渊源，让人们广泛了解桐庐的人文底蕴，增强地域文化影响力，桐庐县社会科学界联合会会同县融媒体中心，于2021年和2022年倾情推出"品读桐江名人"专栏节目，邀请5位县内文史专家，通过节目主持人访谈的形式，在桐庐人民广播电台定时播放。2021年共品读26位历代桐庐本土名人，2022年又精心挑选27位与桐庐关系密切的历代外来名家，进行"品读桐江名人·名人与桐庐"的专题讲解。每周一期（隔周重播）的节目在桐庐人民广播电台首播时，其音频与文稿内容又通过县社科联微信公众号同步推送，且每期都被杭州市社科联微信公众号转发。其中，《王阳明与桐庐严滩》这期内容被浙江省社科联和浙江电视台新闻频道合办的《浙江文化大讲堂》栏目编导看中，专程来到桐庐严子陵钓台录制节目，于5月15日播出。近日，《夜泊桐庐寄诗情》和《桐庐处处是新诗》也被选中，又来拍摄录制。可以说，这一节目在县内外产生了广泛的影响，受到广大听众的欢迎，成为桐庐县社科联的创新品牌项目。

为了让此创新项目能够集中留存项目成果，发挥更为广泛久远的作用与影响，桐庐县社科联决定将品读文稿汇编成册，推出一本独具特色的社科专著。此书付梓之际，正是全县上下深入学习贯彻党的二十大精神和省、市、县委文化工作会议精神之时，意义非同寻常。

我们衷心希望此书的出版，可以帮助全县干部群众更加知桐庐、爱桐庐，切实增强文化自信，为建设文化名县和共同富裕县域标杆做出更大的贡献。

是为序。

桐庐县社会科学界联合会

2022 年 11 月

目录
CONTENTS

桐江名人

名人与桐江

桐江名人

品读桐江名人

桐君与桐庐

　　说到桐江名人，首当第一的是桐君，他的知名度在桐庐可以说家喻户晓，童叟皆知，毫不夸张地说桐君是桐庐有史以来，有确切记载的第一位桐江名人。指桐不语真君子，采药济世老方家，桐君在桐君山结庐采药，潜心研究中医药理，以救死扶伤为己任，被后世尊为"中药鼻祖"，同时也是桐江人文的开山鼻祖。

桐君像

但是，由于桐君生活在遥远的上古时期，相关的文献记载也只是寥寥数语，我们对他的认识仿佛也只停留在"治病救人，指桐不语"的层面上。历史上，扁鹊、华佗、孙思邈、李时珍等名医比比皆是，为什么唯独桐君被尊为"中药鼻祖"？他跟桐江人文究竟有怎样密切的关系？对于这些相关文献的记载语未详焉，笔者追本溯源，抛砖引玉，试与识者商榷探讨。

一、桐君称药祖的四大原因

一是桐君生活时代久远。桐君生活在什么时代？历来众说纷纭，主要有四种年代说：

第一种是神农氏时代说。持这种说法的是南朝梁代的陶弘景，他在《药总诀·序》（见：《金陵丛书·乙集》）中说："其后雷公、桐君更增演《本草》，二家药对，广其主治，繁其类族。"

第二种说法是黄帝时代。持这种说法的主要有明代李时珍，认为桐君是黄帝时代的大臣。主要根据出自南宋《路史·黄帝纪上》：（黄帝）命巫彭、桐君处方、盅（音钓）饵、渝（音煎）汗、刺治而人得以尽年。（见：罗泌《路史》卷四，《四库全书》本）。

第三种是唐尧时代说。持这种说法的主要是春秋战国古籍《世本》："桐君，唐尧时臣，与巫咸同处方饵。"

第四种是上古时代说，具体年代不详。持这种说法的主要有《严州府志》的记载：

上古桐君，不知何许人，亦莫详其姓字。尝采药求道，止于桐庐县东隈桐树下。其桐，枝柯偃盖，荫蔽数亩，远望如庐舍。或有问其姓者，则指桐以示之。因名其人为桐君。

综观这四种说法，都把桐君的生活时代锁定在了夏商周三代以前。桐君究竟是什么时期的人物？笔者以为持唐尧时代说的《世本》最有可信度，原因有二：

首先，《世本》成书时间在2000多年前的春秋战国时期，比梁代陶弘景的《药总诀·序》，明代李时珍依据的南宋《路史·黄帝纪上》和明清时期修撰的《严州府志》提出的年代都要早。后世文献辗转摘抄，难免出现讹误。

其次,《世本》的撰写者是史官,体裁是记载上古帝王、诸侯和卿大夫家族世系传承的史籍,相当于明清时期修撰的家谱。以史官写史籍,当有较强的可信度,所以笔者倾向于桐君是唐尧时代大臣这一说法。

唐尧时代距今多少年?笔者以夏代建立时间(公元前 2070 年)推算,大约在 4100—4200 年之间。历史上的尧舜禹时代,正是中国原始社会走向奴隶社会的一个转变时期,严格来讲桐君的生活年代还属于远古时期。

二是桐君有医药著作传世。据传《桐君采药录》为桐君的医药学著作,成书时间约在公元 1 世纪以前,也就是西汉到春秋战国这个时间段 [书名可见于南北朝·梁·陶弘景的《神农本草经集注》序(陶弘景《本草经集注·序录》,据 1955 年群联出版社影印本)]。笔者认为它成书时间跟《黄帝内经》《神农本草经》一样,大约都在春秋战国时期,当然不可能是桐君所著,只能是后人借桐君之名伪托之作。据考证《黄帝内经》《神农百草经》等著作都属后人伪托之作,但并不妨碍它的医学价值,《桐君采药录》的医学价值同样无可厚非,试想中国文字成熟在三千多年前的殷商时期,生活在唐尧时期的桐君怎能用文字著书立说?《桐君采药录》当为后人的伪托之作无疑。尽管是后人伪托,但冠名桐君,仍能说明桐君在中国古代医药学上的突出成就和影响,书中当不乏桐君传世的医药学成果,宏观来看《桐君采药录》仍可视为桐君的著作。可惜这部作品没能流传下来,但不能因为没能流传下来就否定它的存在,《桐君采药录》仍可称得上是我国古代最早的医药学著作之一。

三是桐君有突出的医药学贡献。桐君在中医学上有两大突出贡献:

其一,桐君识草木金石性,定"三品"药物。百草皆为药,历史上曾有神农氏亲尝百草的传说,目的就是为了辨别草木金石的药性。桐君也有辨识草木金石性的贡献。通过辨别,桐君将当时认为没有毒性,可以多服久服而不会损害人体健康的药物列为上品;将没有毒或有毒而须酌量使用,以治病补虚的药物列为中品;将多毒而不能长期服用,能除寒热邪气、破积聚的药物列为下品。"三品"分类是桐君对药物的一种分类方法。

其二,桐君创造了"君、臣、佐、使"药物配伍格律,即"主药、辅药、佐药和引药"的配伍方法。这是中药方剂的基本原则,至今一直沿用。

这是桐君对中医药学的突出贡献，细究起来，后人伪托的嫌疑是很大的，但跟《桐君采药录》一样它仍能说明桐君在中国古代医药学上的突出成就和影响。

四是桐君有高尚的医德。百善孝为先，百行德为首。各行各业的杰出人物，除了要有极强的业务能力外，还要有极高的自身素质，称之为"德行"。可以说，中国人历来对德的重视程度远胜于"术"，"术"是属于技术能力层面的，"德"是属于思想道德范畴的，有才非有德莫能良，桐君高尚的医德是他称药祖的一个非常重要的原因。桐君"指桐为姓"的典故，桐庐人都非常熟悉，桐君为人治病，不求回报，别人问他姓甚名谁？他不作声，只是指着大桐树作为回答，这种高风亮节成为后世医学界的道德典范，至今一直被后人称颂。

清华嵒《桐荫问道图》

综上所述，后人尊桐君为"中药鼻祖"不是空穴来风，应该是有本有源，当之无愧的。只是因为桐君生活年代久远，相关文献又比较缺乏，所以后人对桐君的认知较少，同时也比较模糊，但并不妨碍他成为"中药鼻祖"。在历代名医中，上述四者兼备的只有桐君，秦汉以前名医皆未有桐君之完全，秦汉以后名医皆未有桐君之久远，笔者以为这就是桐君被后世尊为"中药鼻祖"主要原因。

二、桐君对桐庐文化的影响

桐君的后世影响主要体现在他对桐庐产生了巨大的文化影响，主要有四个方面：

首先，产生了很多带桐字的名称。桐君结庐桐树下治病救人的缘故，最直接地产生了桐庐这个地名。按《严州府志》记载：（桐君）尝采药求道，止于桐庐县东隈桐树下。其桐，枝柯偃盖，荫蔽数亩，远望如庐舍。此即桐庐地名的由来。随着桐庐地名的出现，出现了很多带桐字的名称。例如，县名桐庐县，城名桐庐城，桐君隐居的山叫桐君山，桐君山上的白塔叫桐君塔，分水江又名桐溪，富春江亦名桐江，桐江中还有桐洲等等。现今又将桐君之名进一步拓展，出现了桐君街道、桐君广场、桐君路、桐君小学、桐君堂等等新名称。

桐君山

第二，桐庐出现了一批中医药精英。受桐君的影响，桐庐在中医药领域出现了一批精英人物。一位是明代嘉靖年间分水御医吴嘉言，主要擅长针灸之术，有《医学统宗》《针灸原枢》等医学著作传世。传说吴嘉言医术出神入化，曾用针灸术救活了出殡的产妇，被分水当地誉为神医。其祖孙三代都是名医，为表彰吴氏一门的医学贡献，明廷敕建"三世名医"石坊于分水五云山下，此坊"文革"前尚存。另一位中医名家是横村镇浪石村姚母自然村的清代名医陈学禹，因为医术高超，被朝廷征为御医。现今，桐庐中医名家辈出，一个以县中医院为主体的中医群正不断继承发展着桐君的中医药事业。

第三，形成了桐人千年的桐君情结。旧时有一种现象，说桐庐人离乡看不到桐君山（一说桐君塔）要哭的，至今桐庐人还有这种深切的感受。这都源于桐庐人对桐君的深厚情结。桐君结庐采药，造福桑梓，一直深受桐庐人的怀念爱戴。桐庐人历来都有祭祀桐君的传统。据文献记载，元代桐庐典史张久可，曾出资重修桐君祠，这是有文献记载的最早祭祀桐君的活动。明清以降，祭祀桐君就非常之多了，成了桐庐人的一种惯例。新中国成立前农历九月初九是桐庐及周边县乡民上山祭祀桐君的固定节日，新中国成立后渐止。桐君山被世人关注，唐代就可考证，现存桐君山的唐代大历八年的篆书摩崖石刻即是证明。因此，笔者认为祭祀桐君的现象唐代就应该开始了，因为唐代开元二十一年（即公元 733 年）桐庐县治才迁到桐君山对面的半岛上，宋元以后才逐渐盛行，这是我们华夏中药节的滥觞。

第四，开启了桐江隐逸之风的渊源。桐君作为唐尧时期的医药官，缘何结庐桐君山隐居，笔者以为是桐庐得天独厚的山水自然环境的吸引。好山好水出好药，对于一个中药研究者来说，桐庐是一个理想的百草园，这里有各种草药资源，所以他选择在此隐居。正是桐君的眷顾引领，两千多年来，桐庐吸引了很多归隐的文化名人：除东汉有高士严子陵外，晚唐有施肩吾、三章（章八元、章孝标、章碣）、徐凝、方干等硕儒，宋元有黄裳、谢翱、黄公望、刘基、李康、徐舫等名士，往来散客如谢灵运、李白、白居易等不计其数，虽非像桐君一样前来采药结庐，但终究是贪恋桐庐这一方潇洒旖旎的山水风光，由此奠定了桐庐潇洒散淡而又厚重浓郁的人文风格。从这一点看，桐君是当之无愧的桐江隐逸鼻祖。

由此可见，桐君与桐庐的文化渊源十分深厚。因为有桐君才有了桐庐地名的由来，因为有桐君才有桐君山、桐君塔、桐溪、桐江等一系列带桐字的称呼，因为有桐君才有了桐庐潇洒脱俗的隐逸文化，因为有桐君才有了千年不息的中药情结，这都源于桐君悠久的历史渊源。从这种意义上说，桐君不仅是华夏"中药鼻祖"，更是桐江隐逸的鼻祖，正是他开启了桐庐由蛮荒走向文明的里程碑。

三、关于桐君的若干问题

问题一：桐君确住何方？桐君没有姓名，目前还没有他姓名的直接记载，桐君是后世给他的尊称，典故来源于"指桐为姓"的传说。所谓"桐"就是指桐树，桐君曾结庐在一颗大桐树下，这个桐树有多大？按《严州府志》的记载：（桐君）尝采药求道，止于桐庐县东隈桐树下。其桐，枝柯偃盖，荫蔽数亩，远望如庐舍。意思就是桐君住在东边山坳一颗树冠覆盖面积达数亩的大桐树下。符合这个位置只有在桐君山东面的叶浅予故居一隅，属于桐君山的东面，正好是个山坳，土壤肥沃，有大桐树生长的条件，也符合文献记载，是个理想的栖居地，不然画家叶浅予也不会选择此处建居。桐君山的其余侧面皆为岩石土质，难于参天大树的成长，也不利于结庐隐居，故笔者以为桐君的隐居地就在叶浅予故居的一隅范围。现今，唯桐君山上桐树遍布，他山之上，桐叶难觅，桐君隐居桐君山当有较强的可信度。

问题二：桐君尊称何时？笔者以为桐君的尊称始于春秋战国时期。理由一：《桐君采药录》的成书记载是春秋战国时期，说明桐君这个称谓在春秋战国时间就出现了。理由二：中国历史上有"某某君"这种尊称的，始盛于春秋战国时期。例如：比较著名的有商君（商鞅），还有战国四公子：齐国孟尝君田文、楚国春申君黄歇、魏国信陵君魏无忌、赵国平原君赵胜等等，在此之前，鲜有"某某君"的尊称。我国古代喜欢把德性操守俱佳的人称为君子，桐君在桐树下结庐治病，不求回报，自然要以君子相称。至于桐君是不是老人，在我们的想象当中似乎是，但是逻辑上则未必。

问题三：白塔可为桐君？桐君塔与桐君没有直接的关系？是否为纪念桐君而建？笔者以为桐君塔的建造初因并非为纪念桐君而建，但它同时也承载着纪念桐君的功能。笔者的观点：桐君塔是一座风水塔，它的主要功能是为了保护县城风水。中国古代对风水非常的崇信，在县城、村镇常有建塔镇风水的传统，例如，兰溪古城外的护城古塔，建德里叶村的护村古塔，桐庐钟山乡陇西村的巽风塔（已圮），这些都是为营造风水建立的。在桐君山上建塔，是因为桐庐县城的东面青龙手地势较低，西面舞象山白虎手地势又较高，在位于青龙手的桐君山建一座白塔能大大增高护城地势，平衡青龙白虎两地的风水，起到护佑县城的作用。同时桐君山位于分水江和富春江两江交汇处，古时常常有水患，建塔同时也存在着镇水患的功能，这一点和杭州六和塔镇潮水的功能很相似。

另外，桐君塔的始建年代现在没有直接记载，最早的重建记载是北宋景佑年间，它的形制殊类唐塔，唐塔的形制特点是中间略鼓，有些纺锤形，这可以从现存大理崇圣寺佛塔、西安大雁塔等唐塔的形制上看出来，所以笔者认为现今桐君塔不是唐代的建筑，更到不了唐以前。当然，桐庐县治是在唐开元二十一年由旧县迁到两江交汇口，建县之初建塔护城也是存在可能的。因此，笔者推断：桐君塔有可能始建于唐代，最大的可能性是始建于五代到宋初，因为五代宋初战乱频繁，需要建塔护民安邦。至于桐君塔这个称呼，则是沿用了桐君山的地名而来，同样也体现了桐君对桐庐文化的巨大影响。

千百年来，无数骚人词客对桐君悬壶济世、不慕名利的高风亮节给予高度评价。明代诗人孙纲诗曰：以桐为姓以庐名，世世代代是隐君。夺得一江风月处，至今不许别人分。毫不掩饰地流露出对桐君隐居青山绿水，不求闻达的向往和赞美。元代诗人俞颐轩诗曰：潇洒桐庐郡，江山景物妍。问君君不语，指木是何年？高度概括了桐庐山水的潇洒宜人，饱含着对桐君"指桐

桐君白塔

为姓"高尚品德的推崇和敬仰。桐君虽然没有留下姓名，但他以一介隐逸之士高尚的品行，给后世桐庐人深深地烙上了"桐"字大印，必将受到后世桐庐人千百年的纪念和颂扬。

桐君与桐庐

东汉高士严子陵

"云山苍苍，江水泱泱。先生之风，山高水长。"

这是北宋名臣范仲淹在《桐庐郡严先生祠堂记》一文中盛赞东汉高士严子陵的名句。因为严子陵，桐庐境内留存了一处集自然风光与人文风貌为一体的名胜古迹——严子陵钓台。严子陵史载"会稽余姚人"，但他在桐庐隐居十余载，名迹与桐庐山川已融为一体，流芳千古。他是一位古代的新桐庐人。

严子陵

一、严子陵其人

严子陵，本姓庄，因避汉明帝刘庄讳改姓严，名光，一名遵，字子陵，东汉会稽余姚人（今属宁波慈溪境内，其故乡子陵村与严子陵墓在）。

严子陵从小就已出名。王莽赏识他博学多才，屡次聘他出仕，严子陵都违抗不从。后来，严子陵在长安遇到刘秀，于是两人成为同学，结成友好。刘秀起兵反莽，严子陵积极拥护并为他出过一些主意。其后王莽被杀，刘秀准备登位做皇帝。前将军耿纯说："天下士大夫，捐亲戚，弃土壤，依大王于矢石之间者，其计因望攀龙麟、附凤翼，以成其所志也。"意思是说，跟随刘秀打天下的人，是为了做官，荣宗耀祖。但严子陵对"攀龙附凤"不感兴趣。

更始三年（25）六月，刘秀登基做了皇帝，定都洛阳。严子陵干脆易姓改名，隐身不见。

光武帝刘秀深知严子陵的人品才情，很想请他来协助治理天下，于是叫画工绘成严子陵肖像，到处张贴寻找严子陵下落。后来有齐国人奏报，有一男子身披羊裘垂钓泽中。刘秀料想是严子陵，连忙派使者备了马车带了礼物前往延聘，严子陵却一再推辞，拒绝出山。使者往返三次，严子陵才勉强登车来到京城洛阳。大司徒侯霸是严子陵旧友，他听说严子陵已到京城，便派遣使者奉书问候。侯霸在王莽朝初任过淮平大尹，现在又位居显要，严子陵看不起他，只给侯霸口授一封短简说："侯霸你已位至鼎足而立的三公高位，很好。臣子辅助君主以仁义治国家，则天下人都欢迎；如果只知阿谀奉承，对君主的错误主张也一味曲从，就难免会受到腰斩颈断的极刑。"侯霸看后便把短简呈送给光武帝，光武帝笑着说："我这个狂妄的伙伴，还是那个老样子。"于是刘秀亲自前去看望严子陵。严子陵见刘秀前来也依然睡着不动。刘秀走到床前摸着严子陵的肚子问道："子陵，你何故不肯相助我呀？"严子陵假装睡着不答应，良久才回答："从前唐尧是有道明君，想请巢父帮助他治理国家，巢父听说要他做官，认为耳朵都被弄脏了，赶忙用水洗耳。人各有志，岂能相迫？"光武帝叹道："我竟不能屈你为臣呀！"只好上车叹息而去。

过了几天，光武帝又再次亲自前来敦请。他们在言谈中忆叙旧情，讨论治国之道，一连好几天，谈得困倦了，便同卧在一张床上。严子陵昏睡中，把脚搁放在光武帝的肚子上。第二天，太史慌忙奏报："有客星犯帝座，情况十分紧急。"光武帝笑着告诉他："不必大惊小怪，是我与故人严子陵共卧一床啊。"

光武帝还给严子陵写过一封信，言真意切，足以名世。这封《与严子陵书》这样写道：

古之大有为之君，必有不召之臣，朕何敢臣子陵哉！惟此鸿业，若涉春冰，譬之疮痛，必杖而行。若绮里不少高皇，奈何子陵少朕也？箕山颍水之风，非朕之所敢望。

后来光武帝封严子陵为谏议大夫，严子陵也不愿就任。寻到富春江畔的富春山麓，开始了垂钓生涯。后人称他垂钓的地方为严陵濑。建武十七年（41），光武帝再次聘他入朝辅政，严子陵仍然拒绝了。最后年八十时回老家故世，安葬于陈山。

光武帝对严子陵的去世又悲伤又惋惜，颁发诏书给郡县赐送"钱百万、谷千斛"，为严子陵隆重操办后事并抚恤其家人，成就了一段光武与故人的千古佳话。

二、后人眼中的严子陵

严子陵万万没有想到，他越不想出名，却越引来历朝历代的名人雅士为他树碑立传。其中最著名者，当属南朝宋著名史学家范晔在《后汉书》中所写的《严光传》。而历代诗人，从中国山水诗鼻祖谢灵运开始，均在诗中盛赞严子陵。谢灵运在《七里濑》一诗中写道："目睹严子濑，想属任公钓。""严子濑"又名严濑（滩）、子陵濑（滩）、严陵濑（滩）等，也即富春江中一段"有风七里，无风七十里"的急流险滩，即七里滩（濑）。这一段山水，乃至州府都姓严，可见严子陵对后世的影响之大，后人对严子陵缅怀之情之深。

对严子陵的影响起到推波助澜作用的，无疑要首推范仲淹。范公在宋仁宗景祐元年（1034）出知睦州（桐庐郡）时，景仰于严子陵的高风亮节，派从事章岷在桐庐境内严子陵钓台修建了严先生祠堂，从此严先生祠的修建均由州府或县衙承担，用今天的话来说就是由政府建造（如今的严先生祠就是1983年由桐庐县人民政府建造的）。不仅如此，范仲淹还倾情写下《桐庐郡严先生祠堂记》，表达了对严子陵的崇敬之心，希望对后人起到"使贪夫廉，懦夫立"的教化作用。从此，"往来桐江船，必拜严子祠。"（南宋赵蕃）

严子陵俨然成了中国文人的精神偶像，而严子陵钓台，则成为中国文人的精神家园。这是占绝对主流的。敬仰严子陵者又往往表现为两种形态，一是"必拜严子祠"，登钓台、进祠堂，拜谒严光，正如东台亭联"登钓台而望神怡心旷，想先生之风山高水长"。另一种心态表达出自己为了名利往来于富春江上途经严滩，羞见或怕惊扰严先生，匆匆而过。陈必敬的"公为名利隐，我为名利来。羞见先生面，黄昏过钓台"和李清照的"巨舰只缘因利往，扁舟亦是为名来。往来有愧先生德，特地通宵过钓台"是其中的代表，另外，如"严光万古清风在，不敢停桡更问津"（唐·吴融）、"严陵台下过，不敢浣尘衣"（宋·姚镛）等诗句，都表达了这样的意思。

另一种非主流的态度就是认为严子陵沽名钓誉。尽管后人在诗文中也有批评乃至贬损严子陵的声音，但始终没有影响严子陵的地位和影响力，这本身就是一件值得深思的事情。明朝大才子徐渭（文长）一首七律《严滩懊》的诗序记录了一个很有意思的故事："暮至严滩，客有及子陵先生者，辄嘲之曰：老汉捏怪，终年著羊裘，老脾寒病耶？呼笔札来翻旧案，不两句而石尤起舟，几碎，拟牲往祷，恐群吏笑，偷取两句灰之，誓于江曰：亟归，当望祷。"由此可见，连老天爷都容不得人们贬损严子陵。尤其让人惊讶的是，南宋高宗皇帝赵构都"追封汉严子陵奉议大夫"，并在制文中给予高度评价，作为一名最高统治者，难能可贵。关于严子陵及其钓台的宣传推介，我和缪建民合作的《严光与严子陵钓台》一书作为"杭州全书·钱塘江丛书"之一2014年由杭州出版社出版。

三、严子陵对桐庐的影响力

严子陵隐居富春山，也为桐庐带来了巨大的文化影响力。

首先，因为严子陵，让江山清绝的七里泷一段锦上添花，成为富春江中无与伦比的最佳区域。本来七里滩便是自古以来富春江流域风光最美的地方，因为严光垂钓于此，平添了一份传奇色彩和人文气息。严子陵钓台被誉为全国十大钓台之首，跟自然与人文因素独领风骚、相得益彰有关。

其次，因为严光和严子陵钓台，吸引了历朝历代文人雅士纷纷前来桐庐，吟诗填词。桐庐之所以能够成为古代诗词留存最多县、形成底蕴深厚的"诗词文化"，严光及其钓台功不可没。我曾概括桐庐诗词文化形成原因的三个"独"，即"天下独绝"的"奇山异水"，得天独厚的水上交通和独领风骚的严子陵钓台，其中第三个原因尤为重要。

再次，严子陵又是桐庐隐逸文化的代表性人物。正因为严子陵，让桐庐成为东南亚隐逸文化的发源地。严子陵的影响力波及日本、韩国、越南、泰国等国家。尤其是韩国十四世纪金居翼先生隐居不仕，世称"退庵先生"，被誉为韩国的严子陵。韩国东南大学金柱白教授几十年来致力于中、韩文化交流，先后来桐庐八次，并在严子陵钓台设立退庵先生屏铭碑。金柱白教授还前后三次邀请我县人士赴韩国参加纪念活动。2016 年秋我有幸赴韩国忠清南道扶余郡扶余邑中井里参加第 11 次韩、中、日国际学术文化交流退庵先生《义理香气》出版纪念国际活动。其中扶阳斋前的木柱上"节如严子凛生风""斋仰高风千载长"等句子均与严子陵相关。有感于严先生之风传播深远，我事后即写了《义理香气飘万里》一文，谈到了怎样看待严子陵的问题：

写到这里，让我想到对于严子陵这个人物的认识。千百年来，严子陵早已成为中国历代文人的心中偶像，桐庐境内的严子陵钓台也是历代文人的精神家园。"往来桐江船，必拜严子祠。"然而，不可否认，历朝历代也有不少人对严子陵持怀疑态度，认为他沽名钓誉。其实，我们应该放在严子陵当时的历史条件下去看待他的行为。况且最重要的是严子陵曾说过："怀仁辅义天下悦，阿谀顺旨腰领绝。"（南朝宋·范晔《严光传》）意思是说，心怀仁德辅助皇帝按道义行事的人，天下人都会称赞他；一味阿谀逢迎皇帝旨意的人，会落得斩首的下场。这是最能体现严子陵义理精神的核心所在。也正因如此，北宋范仲淹知睦州时毅然以州府名义修建严先生祠堂，写下《桐庐郡严先生祠堂记》，盛赞"先生之风，山高水长"。被朱熹誉为"第一流人物"的范仲淹之所以为严子陵修祠作记，是因为有感于他的高风亮节。范公曾写信给朋友说："既抵桐庐郡，郡有严陵钓台，思其人，咏其风，毅然知肥遁之可尚矣。能使贪夫廉，懦夫立，则是有大功于名教也。"他在记文中同样表达了"而使贪夫廉，懦夫立，是大有功于名教也"的意思。这样的肯定与评价不可谓不高。

文末我还写道："拥有严子陵钓台这一独绝千古的名胜古迹的桐庐，怎样做好传承与弘扬义理精神这篇文章，是摆在我们面前的一个课题。"

同样，我们今天究竟怎么看待严子陵，如何宣传严子陵？怎样让严子陵钓台这个名胜古迹在桐庐旅游中发挥更大的作用？但愿通过这期节目，能够引发桐庐人更深的思考。

东汉清官陈恽

东汉后，桐庐江南出了一位治水惠民的功臣，他就是记入《桐庐县志·人物卷·名臣》，并入乡贤祠的余杭侯陈恽。

陈恽（生卒年不详），字子厚，三国时候吴郡富春县桐溪乡（具体地说是现在的桐庐县江南镇）人。他一生历任余杭县令、黄门侍郎、征虏将军等职，最后封余杭侯。

旧时编修的历代《桐庐县志》，对这位名臣以及他的惠民功绩，均有记载。清朝康熙二十二年（1683）编修的《桐庐县志·乡贤祠》中记载："陈恽，水利惠民，神功悠久。入乡贤祠。"乾隆三十一年（1766）编修的《桐庐县志·人物名臣》记载："三国吴，陈恽字子厚，富阳侯硕之子，仕至黄门侍郎、征虏将军，封余杭侯。有仙术，能兴水工。尝于余杭一夕筑九里塘，不假人力。今南北乡有陈侯公庙，即恽也。《一统志》"这是当时修志书的人根据《一统志》作的记载。民国15年（1926）编修的《桐庐县志》，在"人物卷"中，对陈恽生平事迹的记载，都抄录于"乾隆县志"；但在"庙祀志"中，还增记了一段话："陈侯公庙，又名洛村庙，在定安乡（今江南镇）五聪山北。相传神名恽，本邑

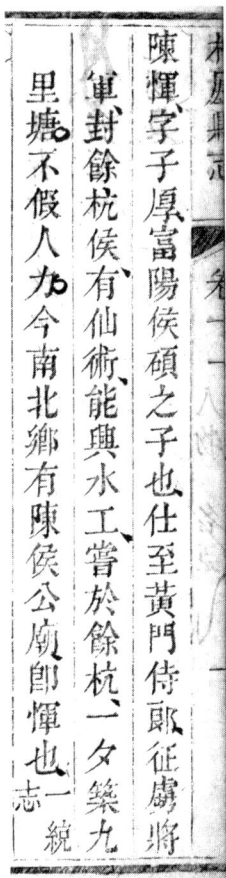

陈恽字子厚富陽侯碩之子也仕至黃門侍郎征虜將

軍封餘杭侯有仙術、能與水工嘗於餘杭一夕築九

里塘不假人力今南北鄉有陳侯公廟卽惲也
志一統

县志中有关陈恽的记载

人，东汉时尝为余杭令，有仙术，能役使鬼神，既殁为神。南朝陈天嘉二年（561）祀以太牢，赐庙额。至今邑人甚敬之，水旱疾病必往祈祷。"

上述这些关于陈浑的记载，虽略有出入，但基本信息是一致的，特别是在"神化"的方面。这可能是当时修志者受交通不便、信息闭塞等条件限制，难以搜集到更详尽的历史资料所致。其实，即使是现在，我们也未能搜集到陈浑任黄门侍郎、征虏将军、余杭侯时的有关历史事迹和活动资料。对于陈浑在任余杭县令时的治水惠民功绩，以前仅限于《桐庐县志》记载的内容，直到申屠丹荣老师于《余杭县志》中发现才得以更新。事后又查到了《杭州市城乡建设志》，在这本志书的"人物卷"中，记有46位人物传略，陈浑被排在第一位，对陈浑在余杭治水惠民的功绩记载也很明确，同时也印证了旧志中的一些说法。陈浑的历史生平事实大略如下：

陈浑，字子厚，吴郡富春县桐溪乡（今属桐庐县）人。历仕余杭县令、黄门侍郎、征虏将军，封余杭侯。东汉熹平元年（172），陈浑任余杭令。时县内苕溪承天目山系之水，奔涌直下，水势甚猛，溪狭不能容，常泛滥成灾，甚至一年数次，淹没田庐，危及邻县。陈浑上任余杭后，怀着为民解忧之心，急切地亲自察看地形，发民十万，于县城西南筑塘围湖，分流苕溪水势。湖分上下，沿溪为上南湖，塘高一丈五尺，周围三十二里；依山者为下南湖，塘高一丈四尺，环山十四里；湖面六千余亩，统称为南湖。在湖面西北凿石门涵，导溪流入湖；湖东南建泄水坝，使水安徐而出。沿溪增置隧门水闸数十处，旱涝蓄泄，益田千余顷。至今杭嘉湖一带仍受其利。县人称陈浑此举为"百世不易，泽垂永远"。陈浑在任内，还将余杭县城从溪南迁至溪北，筑城浚壕，卫民固圉。熹平四年（175），又于余杭城南建兴隆桥，横跨苕溪，以便行旅，于是城南逐步成为商贸之地。

后来，陈浑在兴修九里塘水利工程中不幸牺牲。时人为感恩这位好县令，便在南湖塘建祠祭祀。到明宪宗成化年间（1465—1487），余杭人民又将陈浑与另两位余杭好县令，即唐宝历元年（825）任余杭县令的归珧、宋熙宁八年（1075）任余杭县令的杨时，共列"三贤祠"祭祀。

再后来，桐庐、余杭两县都立有陈浑庙，岁时祭祀，足见人们对这位为老百姓做好事、办实事的好官的敬仰怀念之情。

陈恽庙

陈恽因为治水保土功绩，古时被尊为杭州的土地神。南北朝时陈文帝（陈蒨）天嘉二年（561），朝廷敕令祀以太牢（古代帝王祭祀社稷时，牛、羊、豕三牲全备为"太牢"），并赐庙额"天曹"（道家所称天上的官署）。所以洛村庙庙门上悬挂"古陈侯公庙"，边有小字：洛村行祠。乡人称庙神为"洛村太公"或"洛村老爷"。而依据陈文帝的赐封，洛村庙又称"天曹府"，正殿有联："御赐灵卫王名出杭嘉沪，敕封天曹府威震富桐新。"

到后唐长兴三年（932），陈恽又被五代十国时期吴越国第二任君主、吴越太祖武肃王钱镠第七子、后被封为吴王、吴越王、吴越国王的钱元瓘追封为"太平灵卫王"，民间又俗称"陈明大王"，说是水旱疾疫必祷，十分灵验。而横山埠位于富春江边，自然希望有位治水神灵来保佑当地百姓，所以就供奉太平灵卫王陈恽。

从以上可看出陈恽老太公在江南人心目中的神力和地位。

"三章"祖辈章八元

章八元

在唐朝灿若群星的诗人之中,也有几颗耀眼的星星是桐庐诗人。著名的《全唐诗》共入编诗人 2200 余人,其中的 278 位被元代学者辛文房立传编入《唐才子传》,桐庐诗人就有 6 位,分别是章八元(卷四)、徐凝、章孝标、施肩吾(卷六)、方干(卷七)、章碣(卷九)。能入选《唐才子传》的,完全可以说是唐朝的著名诗人,桐庐一县就有 6 位,这在今天全国的县域当中,绝对算得上是名列前茅的。

在这六位诗人当中,章八元、章孝标、章碣是祖孙三代,世称"三章"。"三章"是睦州桐庐县常乐乡(今桐庐县横村镇)人,横村一带至今还流传着"一门三进士，祖孙是诗人"的佳话。这一现象不用说在横村在桐庐，即使在全省乃至全国范围内，大概也是独一无二的。因而"三章"现象引起了浙江省社科院的重视，2017年还专门派人前来横村镇香山村调研。

一、章八元其人

《唐才子传》对章八元介绍如下：

> 八元，睦州桐庐人。少喜为诗，尝于邮亭偶题数语，盖激楚之音也。宗匠严维到驿，见而异之，问八元曰："尔能从我授格乎？"曰："素所愿也。"少顷遂发，八元已辞亲矣。维大器之，亲为指谕，数岁间，诗赋精绝。大历六年王溆榜第三人进士。居京既久，床头金尽，归江南，访韦苏州，待赠甚厚。复来都应制科。贞元中调句容主簿，况薄辞归。时有清江上人善诗，与八元为兄弟之好。初长安慈恩寺浮图，前后名流诗版甚多，八元亦题，有云："却怪鸟飞平地上，自惊人语半天中。"后元微之、白乐天至塔下遍览，因悉除去，惟存八元版在，吟咏久之，曰："名下无虚士也。"其警策称是。有诗集传于世，一卷。

综合各种版本的记载，对章八元简介如下：章八元（743—829），字虞贤，是唐代睦州桐庐县常乐乡章邑里（今横村镇）人。人称"章才子"。唐大历六年（771）中进士。贞元中调句容（今江苏句容县）任主簿，后升迁协律郎（掌校正乐律）。他是"三章"中的祖父，对子孙后代影响很大。

二、章八元与名流的交往

作为唐朝时桐庐乡间人士的章八元，因为诗才，让他走出山乡，走进京城及各地，与名流交游甚广。

对章八元影响最大的名人，当然非严维莫属。严维字正文，越州山阴（今绍兴）人，历任诸暨尉、河南尉，官终秘书郎。严维早年曾隐居桐庐，与睦州官员刘长卿较友善，常常互相赠诗唱和。严维关于桐庐的名诗便是寄赠刘长卿的《发桐庐寄刘员外》："处处云山无尽时，桐庐南望转参差。舟人莫道新安近，欲上潺湲行自迟。"严维偶然在驿馆看到章八元的诗，非常惊讶，便问八元是否愿意跟自己学习诗词格律。章八元对严维敬慕已久，满口答应。在严维教授之下，几年时间章八元诗艺精进，并顺利考中进士，后走上仕途。

关于章八元的诗才，有一个故事颇能说明问题。章八元曾经在长安慈恩寺浮图塔前留有《题慈恩寺塔》诗一首："十层突兀在虚空，四十门开面面风。却怪鸟飞平地上，自惊人语半天中。回梯暗踏如穿洞，绝顶初攀似出笼。落日风城佳气合，满城春树雨蒙蒙。"后来元稹、白居易到慈恩寺游览，看到他的题作，吟咏很久，赞叹说："想不到严维出这样的高徒，名下果然是没有虚士啊。"

章八元与刘长卿、韦应物、熊孺登、诗僧清江等唐朝著名诗人均较友善，有不少唱和之作。章八元还与《枫桥夜泊》的作者张继有交往。张继来桐庐与章八元"相见谈经史，江楼坐夜阑"，从这首《赠章八元》可见他们相谈甚欢的情景，也可见章八元其时在桐庐名声之大。

章八元另外一个重要的身份是方干的外公。有资料介绍说是方干岳父，实在有误。因为与方干同时代的忘年交孙郃在《元英先生传》中明确写道章八元是方干的"外王父"（即外祖父）。方干的诗艺，应该在很大程度上受到了章八元的影响。

三、章八元诗赏析

章八元是"睦州诗派"的重要人物之一。他的诗写景状物，功夫独到。有诗集一卷传世。现与听众朋友赏析《归桐庐旧居寄严长史》一诗：

> 昨辞夫子棹归舟，家在桐庐忆旧丘。
> 三月暖时花竞发，两溪分处水争流。
> 近闻江老传乡语，遥见家山减旅愁。
> 或在醉中逢夜雪，怀贤应向剡川游。

这是一首赠别诗，写给章八元的老师严维（严维时任河南幕府，故称长史）。章八元此诗的首联是说昨天我告别先生您乘上了归乡的船，家在桐庐自然让我回忆起熟悉的山水和屋舍。颔联告知我们归乡的时间和路途：三月春暖时节百花齐放，途经桐庐县城，富春江和分水江两江争流。颈联写得极富人情味，临近家乡听到分水江边老人在说着家乡的方言，传达着家乡的消息，仿佛遥见家乡的山水，便减少了旅途的愁思。尾联笔锋一转作者从归乡的喜悦中抽离出来，说或许人生常常会在醉中正逢孤寂的处境（"夜雪"显然是取用白居易的五绝《夜雪》，表达诗人谪居江州时的孤寂心情），怀想贤师我应该去您的家乡游历剡溪啊。此诗把章八元的思乡之情和尊师之义有机地结合起来，因而读后让人心生感慨。

　　这就是"三章"的祖辈章八元，下期我们品读儿辈章孝标。

"三章"儿辈章孝标

上一期节目我们介绍了"三章"中的祖辈章八元。本期我们介绍章八元之子章孝标。

位于桐庐滨江公园的"三章"铜像，从右往左依次为章八元、章孝标、章碣

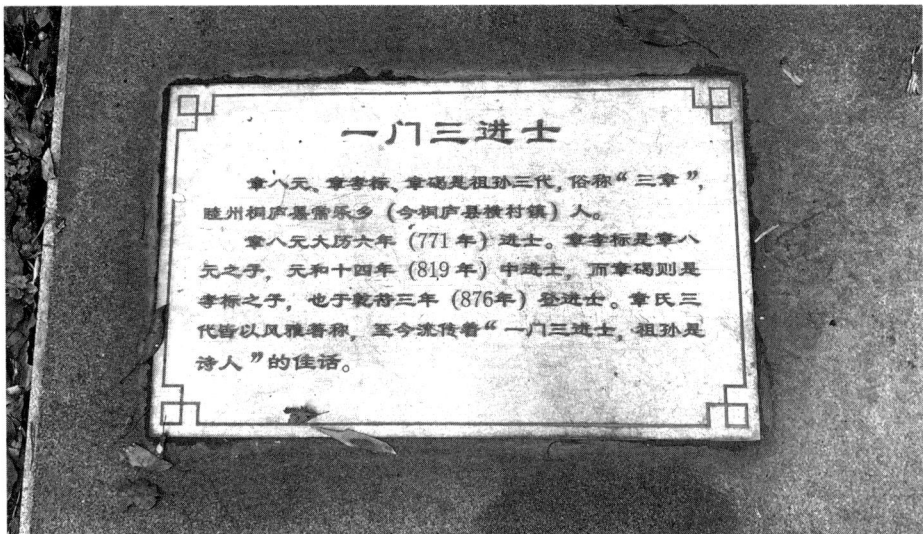

一门三进士

一、章孝标究竟哪里人？

既然章孝标是章八元之子，他是桐庐人应该毫无疑问，然而各种史料却有"睦州桐庐人"和"钱塘人"之说，连《唐才子传》也这样介绍："孝标，字道正，钱塘人。"钱塘在唐朝时是杭州辖县，又是州治所在地，因而也指代杭州。而桐庐那时属睦州辖县，分属于两个地区。显然给我们留下了章孝标究竟是哪里人的疑问。

今查《中国历代人名大辞典》，对章孝标的介绍是"唐睦州桐庐人，一说杭州钱塘人。宪宗元和十四年进士。除秘书省正字。文宗大和中试大理评事。工诗。"

又查《唐诗大辞典（修订本）》介绍章孝标："字道正，睦州桐庐（今浙江桐庐）人，家于钱塘（今浙江杭州）。"

南宋尤袤所撰《全唐诗话》卷三章孝标一节则明确讲章八元、章孝标均为"桐庐人"："或曰：前有八元，后有孝标，皆桐庐人，复同姓而皆不达。"

如今多本诗集对章孝标的作者简介均采用"睦州桐庐人"之说，是客观准确的。那么，为何会有章孝标是钱塘人的说法，是因为他后来把家安在杭州（"家于钱塘"）。章孝标的忘年交（年长36岁）著名诗人杨巨源（山西永济人，唐贞元年间进士）《送章孝标校书归杭州因寄白舍人》一诗的题目可以佐证。这里需要特别说明的是分水朝阳村前些年从章氏家谱中发现唐朝先祖於潜人章成缅，生性至孝，被赐封"孝标"，同族后人便将他与章孝标混为一谈，将杨巨源（误作杨臣源）此诗也按到章成缅身上，其实此公比章八元还年长5岁。由此也告诉我们，对于一些史料（尤其是家谱），我们要进行严格的考据，切不可轻易拿来就用。

二、章孝标是怎样一个人

1991年版《桐庐县志》"人物传略"这样介绍章孝标：

> 章孝标（791—873），字道正，八元子，有诗名。李绅镇守扬州时，在一次宴会上，以"春雪"命题，请孝标即席赋诗。孝标下笔立就："六出飞花处处飘，粘窗著砌上寒条，朱门到晚难盈尺，尽是三军喜气销。"满座皆惊服。元和十四年（819）考取进士，由长安南归，先寄友人一书，其中有云："马头渐入扬州郭，为报时人洗眼看。"踌躇满志之状，跃然纸上。适为李绅所见，作诗批评："十载长安方一第，何须空腹用高心"。孝标惭愧，拜谢赐教。太和年间（827—835）曾为山南道从事，试大理寺评事，最终任秘书省正字。有诗集一卷。韦庄编的《又玄集》录其《归海上旧居》《长安春日》两首，称其深得诗律之精义。

这则传略简约交代了章孝标的生平经历。其中关于章孝标的二则遗闻轶事，各种材料尽管细节略有出入，但总体相同。

综合各种史料可知，章孝标颇有诗才，出口成章，也"深得诗律之精义"，但或许因为他只有小聪明却少钻研，因而名气始终不大，至今少有让人广为传诵的诗句。二是尽管考中进士入仕做官，但官位不高、成就不大，或许又跟他不够踏实有关。关于章孝标中进士后南归时写诗赠友人流露出得意扬扬之心受到李绅批评的故事很有意思。其实他此诗就是写给李绅的，诗集中题为《及第后寄广陵故人》（一作《寄淮南李相公绅》）："及第全胜十政官，金鞍镀了出长安。马头渐入扬州郭，为报时人洗眼看。"

李绅看后即回赠《答章孝标》一诗。大多数材料引用的是此诗后两句："十载长安方一第，何须空腹用高心。"（方一第，又作得一第）李绅话说得很重，你在京城长安花了十年时间才中第，腹中空空有什么可沾沾自喜的。我以为前两句写得更好："假金只用真金镀，若是真金不镀金。"直白的诗句，蕴含的却是深刻的道理。从这个故事可知李绅是个好老师，真朋友。这位经历丰富，卒后"赠太尉，谥文肃"的唐朝高官也是一位道德高人。他的教诲自然让章孝标"惭谢"。李绅似乎也给了章孝标一闷棍，《唐才子传》说他"伤其气宇窄急，终不大用"。当然，把章孝标官职不高、诗名不大的原因怪罪于李绅的批评，显然有失公允。

三、关于章孝标的诗名

无论如何，章孝标依然是唐朝著名诗人。

章孝标留下最为人称道的诗句是《游云际寺》中的"云领浮名去，钟撞大梦醒"，明朝胡震亨撰诗话集《唐音癸签》称赞"何其伟也"！

唐朝著名诗人韦庄（即写"钱塘江尽到桐庐，水碧山青画不如"的诗人）在其编辑的《又玄集》中收入的《长安春日》无疑是佳作："田家无五行，水旱卜蛙声。牛犊乘春放，儿孙候暖耕。池塘烟未起，桑柘雨初晴。岁晚香醪熟，村村自送迎。"

遗憾的是，章孝标几乎没有留下与桐庐相关的诗作，一首《梦乡》有人认为是写桐庐的，但从第一句"家住吴王旧苑东"的方位看，显然不确切，姑且信之吧：

家住吴王旧苑东，屋头山水胜屏风。
寻常梦在秋江上，钓艇游扬藕叶中。

此诗的确写得美，家门口的山水比屏风上的画还漂亮，这样的家乡，怎能不让人留恋呢！

"三章"孙辈章碣

本期节目我们介绍"三章"中的孙辈章碣，或许是应了"后生可畏""后来居上"的俗语，章碣的诗名应该比其父章孝标甚至祖父章八元更盛。

一、关于章碣的生平

《桐庐县志》在"人物传略"《章八元章孝标章碣》篇中介绍章碣：

章碣（836—905），字丽山，孝标之子。乾符三年（876）登进士。乾符中，侍郎高湘自长沙携邵安石（广东连县人）来京，高湘主持考试，邵安石及第。碣赋《东都望幸》诗讽刺之："懒修珠翠上高台，眉月连娟恨不开，纵使东巡也无益，君王自领美人来。"表达了对科场制度的不平，广为人们传诵。《焚书坑》一诗，千百年来一直脍炙人口。

章碣首创"变体诗"。在律诗中，一变通常只需偶句押韵的格律，要求偶句、单句平仄声各自为韵。一时赶时髦者竟起效仿。有《章碣集》一卷传世。

章氏三代，皆以风雅著称。浙中一时传为佳话。《全唐诗》收有他们的作品。

关于章碣的生平简介，同样存在睦州桐庐人和杭州钱塘人的说法。原因跟章孝标同。

章碣尽管中进士，但仕途不顺，元代辛文房著《唐才子传》卷九说章碣"后竟流落，不知所终。"因为他把精力都放在诗艺精进上了。在"三章"中，章碣应该是诗才最高诗名最盛的。

二、关于章碣的诗才

《唐才子传》对章碣的诗才如此介绍:

碣有异才,尝草创诗律,于八句中,足字平侧,各从本韵,如"东南路尽吴江畔,正是穷愁薄暮天。鸥鹭不嫌斜雨岸,波涛欺得逆风船。偶逢岛寺停帆看,深羡渔翁下钓眠。今古若论英达算,鸱夷高兴固无边。"自称变体。当时趋风者亦纷纷而起也。今有诗一卷,传于世。

《中国历代人名大辞典》介绍章碣:"唐睦州桐庐人,一说杭州钱塘人。章孝标子。僖宗乾符进士。后流落不知所终。工诗。尝创变体诗,单句押仄韵,双句押平韵,时人效之。"

历代各种诗话都说章碣的变体诗影响颇大,可见其诗名在晚唐诗人中属佼佼者。从他与晚唐著名诗人方干、罗隐交往友善看也可以证明这一点。罗隐写有《送章碣赴举》一诗,方干在《赠进士章碣》一诗中称"织锦虽云用旧机,抽梭起样更新奇",便是指章碣首创的风行一时之变体诗而言。

三、关于毛泽东书写章碣诗

说章碣是"三章"中诗名最为显著者,从毛泽东书写章碣诗可以印证。

我们知道,毛泽东主席博览群书,尤其是古诗词功底深厚。他不仅熟读历代诗词,而且运用自如。他还有一个习惯,即抄录他喜欢的诗词佳作。我的藏书中有中央档案馆编的《毛泽东手书选集(古诗词卷)》(北京出版社 1994 年 3 月),其中收有毛主席书写的章碣《春别》一诗,且写有两幅,这首诗是这样的:

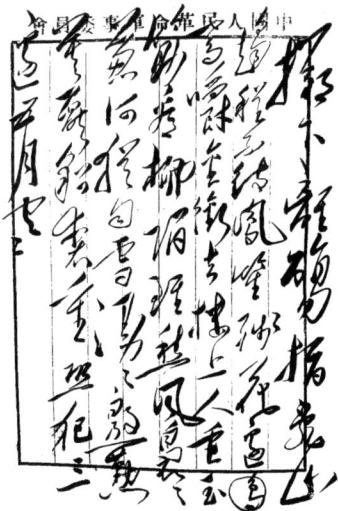

掷下篱筋指乱山,趁程不待凤笙残。
花边马嚼金衔去,楼上人垂玉箸看。

柳陌虽愁风袅袅，葱河犹自雪漫漫。

殷勤莫厌貂裘重，恐犯三边五月寒。

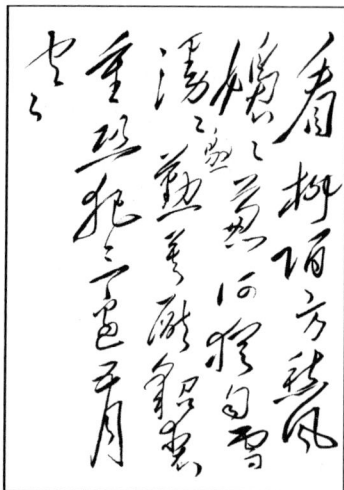

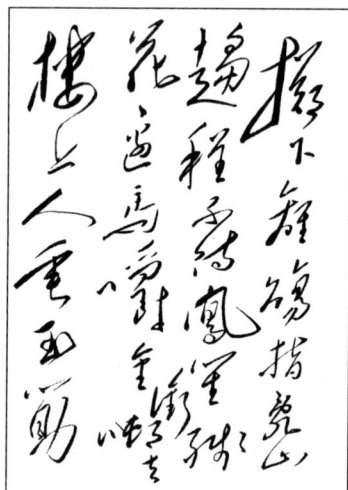

两幅书法其一写在一张信笺上，显得紧凑；另一写在两张白纸上，写得潇洒豪放。由此可见他对此诗的喜欢。

毛主席用章碣诗《焚书坑》书赠傅斯年的故事流传更广。傅斯年（字孟真），是著名历史学家、古典文学研究专家、教育家，学术领导人。他还是"五四运动"学生领袖之一。当年毛泽东在北京大学图书馆工作时傅还是毛崇拜的学者。1949年傅去了台湾，曾任"台湾大学"校长。据张家康《青年毛泽东在北大》一文介绍：1945年7月初，抗战胜利在即，傅斯年作为6名国民参政员之一乘飞机访问延安。毛泽东单独安排时间，与傅斯年彻夜长谈。同当年北大相比，时间和场景都有了转换，可毛泽东依然不失他乡遇故知的情怀和礼贤学人的雅量。谈话中，自然谈到北大学生在五四运动中的作用，谈到傅斯年等五四运动风云人物。听到谈及自己，傅斯年谦逊地说："我们不过是陈胜、吴广，你们才是项羽、刘邦。"第二天也就是7月5日，毛泽东给傅斯年写了封信，上写道："遵嘱写了数字，不像样子，聊作纪念。今日闻陈胜、吴广之说，未免过谦，故述唐人诗以广之。"这便是章碣的《焚书坑》。

如今，毛泽东的信和赠诗陈列在"台湾大学"傅园内的纪念室中，诗云：

竹帛烟销帝业虚，关河空锁祖龙居。

坑灰未烬山东乱，刘项原来不读书。

落款为"唐人咏史一首书呈孟真先生。毛泽东"。

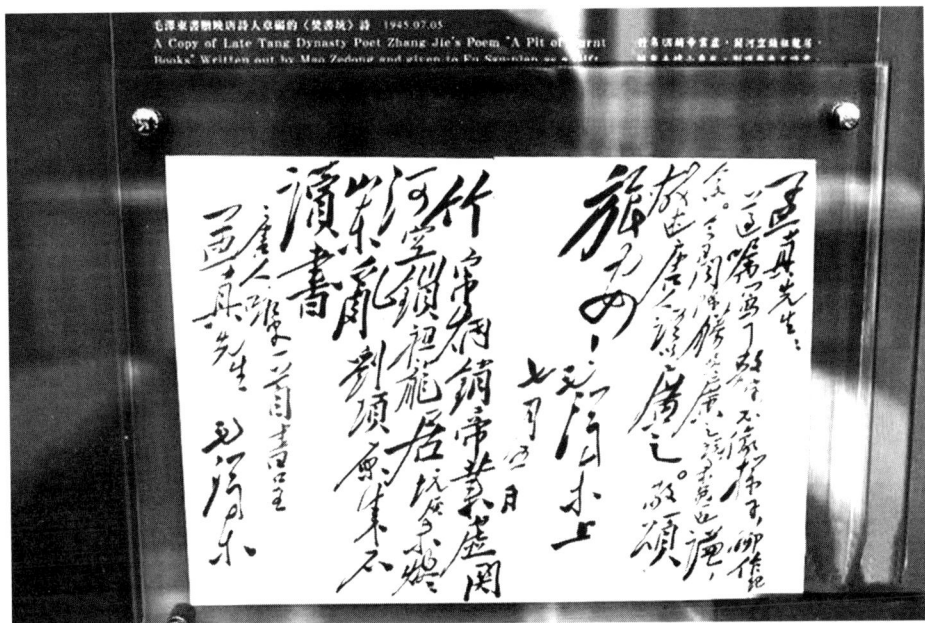

图为毛泽东 1945 年 7 月 5 日书赠傅斯年晚唐诗人章碣《焚书坑》一诗的手稿。中新社记者安英昭摄

前年中新社记者安英昭等访台后写了《台湾写真：访梅园傅园品梅贻琦傅斯年后半生》一文也讲到此事，并拍摄了"毛泽东书赠晚唐诗人章碣的《焚书坑》诗"展品，让我们得以一睹这幅书法的真容，也真切感受到毛主席对章碣诗的喜爱与肯定。

至于《春别》《焚书坑》诗的含义，节目时间关系我们就不解读了，感兴趣的听众朋友可以自己去品读。

最后我要强调的是，我为桐庐拥有"三章"这样祖孙三代诗人而骄傲，为涌现章碣这样的杰出诗人而自豪。

「三章」孙辈章碣

开发澎湖的唐代状元施肩吾

施肩吾（780—861），字希圣，号东斋，唐宪宗元和十五年（820）进士，分水人。他集诗人、道学家、台湾第一个民间开拓者于一身，著有《西山集》十卷、《闲居诗》百余首。《全唐文》收有《养生辨疑诀》等，《全唐诗》收入其诗作202首。

苦读五云山

因为家境贫寒，施肩吾开始在高翔（今桐庐县瑶琳镇）龙门寺读书。几年后转分水县城龙口山（今桐庐县分水镇）继续求学。每天傍晚，施肩吾都要到书院的池塘清洗笔砚。施肩吾洗完笔后喜欢在池边甩干，久而久之，荷叶上沾上点点墨迹。

一天，龙口山上空出现五色祥云，人传为大魁之吉兆。元和十五年（820），施肩吾偕同学徐凝千里迢迢赴京师参加会试，《施氏宗谱》记载，"公才克廊庙，志扶日月，博览五经，以周礼为最，于元和间中卢储榜进士第十三名。大常少卿李延试'太羹不和'为题，施肩吾挥笔撰就《太羹赋》。御览大佳，钦赐状元及第。"

山不在高，因人而名。龙口山遂改山名为"五云山"。历代来五云山建有"玉尺楼"，立有"唐状元施肩吾读书处"石碑；山的东侧有"余韵亭"和"洗砚池"，池中原有施肩吾读书时亲手种的莲花。这莲花的花瓣和荷叶上散布着墨点，相传是施肩吾洗砚时洒上的，俗称墨荷。

学道西山

做了状元，一般来说仕途飞黄腾达，但施肩吾不然，当朝只给了个江西按察使的小官，赴洪州（今江西南昌）上任。"安史之乱"后，地方势力坐大，皇帝依赖身边的宦官。藩镇割据和宦官专权成了中唐以后的两大祸害。藩镇乱于外，宦官专于内。就在施肩吾中举这一年，唐宪宗李纯为宦官所杀，另立穆宗李恒，朝中文武无一敢言。看到官员拉帮结派，钩心斗角，互相残害，腐败不堪，施肩吾不愿混迹其中。他写信给同窗徐凝说，"仆虽忝成名，自知命薄，遂栖止玄门，养性林壑。"意思说，我虽然取得了功名，但没有当官的命，不如躲到山林去修身养性。京官中有一位叫张籍的，此人爱才如命，他对施肩吾的文才大为赞赏。施肩吾东归时向张籍透露了心迹，张籍在长安灞桥驿亭为施肩吾设宴送别，写下了《送施肩吾东归》一诗。

凑巧他任职的洪州府西山，风景秀美，环境幽静。于是，很快隐居在那里潜心修道。

施肩吾为道多少年，史料并无记载。但是施肩吾在《西山集》自序中有这样一段话："二十年辛苦烟萝松下之月，见天地六合之奥妙。"所谓"二十年辛苦烟萝松下之月"即指过了二十年道士生活。所以说，他至少在西山为道二十年。这期间他潜心钻研道学，写了许多道学著作，如《养生辨疑诀》《西山郡仙会真记》，成为一名中国著名道人。他提出的"气住则神住，神住则形住"的"三住铭"养生理论，给后人的养生研究提供宝贵理论基础。根据台湾《历代神仙传略》上篇共记载有四十三位神仙，他居然排名为第四位，仅次于魏伯阳、汉钟离、吕纯阳之后。这里且不谈施肩吾是不是神仙，但不难看出他在道教中的地位是十分显赫的。

开发澎湖

唐朝中后期，王朝已逐渐衰落。各地军阀割据，战乱不息。加上连年自然灾害，百姓苦不堪言。

唐文宗太和初（827），他萌发寻访海外仙山之愿，便率领族人买舟泛海，历经苦难，登上一无名小岛，即今天的澎湖列岛。那时岛上仅有土人（土著），生产呈原始状态。我们看他的《岛夷行》：

腥臊海边多鬼市，岛夷居处无乡里。

黑皮年少学采珠，手把生犀照咸水。

　　岛夷指台湾，《尚书禹公》载：中国分九州，台湾属扬州官辖。春秋时期称"岛夷"。这首诗是施肩吾在澎湖列岛捕捉到的澎湖岛风光的主要特征。岛上荒芜，人烟稀少，扑面而来的是大海"腥臊"。渔民把白天捕捞来的海产品，夜晚在海边（鬼市）交易。第三、四句换了一个镜头：经过日晒雨淋，皮肤黝黑的少年，拿着犀牛角跟着大人学习采撷珍珠。

　　当时，唐王朝的经济文化已处于世界领先地位，施族的入居，给澎湖的生产发展带来了勃勃生机。而大陆的文明道德也在岛上不断传播，乃至生根发芽。"澎湖"的名气逐渐显著，对外的交流日益频繁，终于引起朝廷的重视。南宋岛上设置了"巡检司"，驻有军队、官员，负责防卫和民政。而大陆人民也络绎不绝地向岛上移居，成为中国行政区域的一部分。施肩吾晚年迁居澎湖，成为他人生旅程中一大亮点，在开发澎湖上有着不可磨灭的功绩。《澎湖厅志》中称："施肩吾不仅是开发澎湖的先驱，也是写澎湖诗的第一人"。1995年出版的《台湾史话》中说：大陆人民纷纷地、集体地到台湾去劳动开发，最早见于历史文献的是施肩吾率领族人移居澎湖的故事。

　　施肩吾一生与诗歌同行，后人评论他的诗作"新奇瑰丽，格高似陶（陶渊明），韵胜似谢（谢灵运），其品格当不在李杜（李白与杜甫）下"。

《分阳施氏宗谱》载施肩吾生平

晚唐诗人方干

作为唐朝诗人来说，方干其实是生不逢时的。他大概生于公元 809 年，卒于 888 年，正是唐朝晚期，唐诗早已过了鼎盛时期，但方干和他同时代的其他一大批诗人如杜牧、李商隐、温庭筠、贾岛、罗隐、吴融、喻凫、杜荀鹤、韦庄、李频、皎然、贯休等等，不甘落寞，依然不屈不挠地创造了唐诗晚年不晚的辉煌。

唐隐宫五十五世祖干丞像

一、方干何处人

方干究竟是何处人氏？历来说法不一，现今的辞书、网络有说他是建德人（因为错把睦州当建德，睦州当时辖建德、寿昌、淳安、遂安、桐庐、分水六县，州治所在地在建德梅城），也有说他是淳安人，其实都是似是而非。方干的忘年交唐朝诗人孙郃在《元英先生传》中说："元英先生新定人也。""新定郡"是睦州的别称之一，而"新定"又曾是淳安的旧名，因而说方干是睦州人没错，但说他是淳安人就不甚确切了。元朝人辛文房所撰《唐才子传》"方干篇"开篇就说"干，字雄飞，桐庐人。"十分确切。方干的祖籍的确是睦州青溪（今浙江淳安），但其父辈已迁居睦州桐庐富春江畔的白云源鸬鹚湾。方干在《方著作画竹》一诗中，有"吾家钓台畔，似此两三茎"的诗句，在另一首《项洙处士画水墨钓台》中又有如下诗句:"我家曾寄双台下,往往开图尽日看。"双台即严子陵钓台的东台与西台,这一诗句又明确指明了他的家乡的方位。

方干还写有一首《思江南》七绝:

> 昨日草枯今日青,羁人又动望乡情。
> 夜来有梦登归路,不到桐江已及明。

这首《思江南》主题其实就是"思家乡",而他所思念的家乡就在桐庐富春江边的鸬鹚湾。诗的意思是说时光流逝,冬去春来,枯草又变青变绿了。离别家乡多年的羁旅之人又萌动了望乡之情。于是入夜之后便做了一个归乡的美梦,然而,行程还没有到达桐江(富春江在桐庐境内的别称)梦却醒了,天也亮了。

这些诗都明确告诉我们方干是桐庐人。如今的桐庐县富春江镇芦茨村,就是方干故里。

二、布衣诗人

古代诗人往往既是官员,又是文人。而方干因缺唇貌陋中举不第,布衣一生,可他却是桐庐诗人中诗名最显的。《唐才子传·方干》一篇是桐庐诗人中篇幅最长的(整部《唐才子传》中也是较长的)。"干,字雄飞,桐庐人。幼有清才,散拙无营务。大中中,举进士不第,隐居镜湖中。湖北有茅斋,湖西有松岛,每风清月明,携稚子邻叟,轻棹往返,甚惬素心。所住水木幽闷,一草一花,俱能留客。"《唐才子传》方干篇开头部分对方干的介绍与描述简洁而传神。如此精彩的描写在整部《唐才子传》中我以为也是不多见的。方干不仅在生前深得姚合、徐凝、罗隐、韦庄、贾岛等著名诗人的赏识,睦州建德诗人李频还拜方干为师。方干死后,门生私谥其为"玄英先生",并为他编辑诗集10卷370余首,唐朝诗人王赞为其写序,方干的忘年交台州人孙郃不仅写了《玄英先生传》,而且在《哭玄英先生》一诗中称赞他"官无一寸禄,名传千万里"。方干是"睦州诗派"的杰出代表。唐代至清代歌咏方干的诗作达百余首,在唐朝睦州诗人中是绝无仅有的。《全唐诗》收有方干诗 10 卷 348 首，从数量上看在两千余名诗人中位列第 25 位。而其诗的质量和方干的诗名，孙郃评价："广明中和间为律诗，江之南未有及者。"王赞称誉："吴越故多诗人，未有新定方干擅名于杭越，流声于京洛。"晚唐著名诗人吴融更是赞叹："把笔尽为诗，何人敌夫子。句满天下口，名聒天下耳。"

三、范仲淹二访方干故里

北宋范仲淹知睦州时二访方干故里，写了多首诗赞扬方干，并请人在严先生祠堂东壁画上方干像，与严子陵并祀。

范仲淹在方干故里初访方干旧居后发出了如下感叹：

> 风雅先生旧隐存，子陵台下白云村。
> 唐朝三百年冠盖，谁聚诗书到远孙。
>
> （《留题方干处士旧居》）

应该说，范仲淹对方干及其后裔的评价相当高：即便唐朝三百年历史中名家灿若群星，但能把耕读传家的优良风气留传到远孙后代的大概仅方干一脉吧！

范仲淹还恰逢方干八世孙方楷中进士后荣归故里，范仲淹应邀写了一首五律赠送给方楷：

> 高尚继先君，岩居与俗分。
> 有泉皆漱石，无地不生云。
> 邻里多垂钓，儿孙半属文。
> 幽兰在深处，终日自清芬。
>
> （《赠方秀才楷》）

"幽兰在深处，终日自清芬。"这是范仲淹对方干人格魅力的高度评价。方楷有感于此，在村里溪口修建了一座清芬阁，从宋朝到清朝的千百年时间里，这座清芬阁不仅是方干故里族人缅怀方干的绝佳去处，也是外地人慕名而来拜谒方干的重要平台。

我十多年前就建议在芦茨恢复重建清芬阁，一直未能如愿。现在建德梅城古镇却已建成了清芬阁。

关于方干还有一条成语"身后认方干"，出自清代袁枚《随园诗话》引用的诗句："放眼古今多少恨，可怜身后识方干。"比喻一个人才，生前无人赏识，死后才被重视。

但愿方干及其十八进士，今后能够更加得到重视。

"扬州吟来天下知"的徐凝

徐凝，约生于公元 813 年（唐宪宗元和中前）。分水松溪（今百江镇松村村）人，晚年迁居分水柏山村。中晚唐著名诗人，《全唐诗》存其诗一卷，共 101 首。

徐凝是否进士？

关于徐凝是不是进士，或者说何时高中进士，史料上主要有两种说法。一是从未取得过功名。辛文房《唐才子传》上说："凝，睦州人。元和间有诗名。方干师事之。与施肩吾同里闬。日亲声调，无进取之意，交眷悉激勉，始游长安，不忍自衒鬻，竟不成名。"意思是说，徐凝为方干的老师，与施肩吾同乡，经常一起吟咏。初游长安，因不愿炫耀才华，没有拜谒显贵，而没能成名。有关徐凝的酬赠诗中均称他为"山人""处士"，而他自己的诗里也有"欲别朱门泪先尽，白头游子白身归"句，部分学者认为他终身不曾登第入仕。二是中了进士，但在时间上说法不一。《徐氏宗谱》记载为元和三年（808），《杭州府志》以为长庆三年（823），《分水县志》则明确为唐元和十五年（820），与施肩吾同科进士，官至金部侍郎。

不论徐凝是否进士出身，但其诗歌创作在中晚唐的地位和影响力是毋庸置疑的。

荐凝屈祜

说到徐凝，就不得不说白居易。和白居易的交游以及他对徐凝的推重，为徐凝的诗歌创作产生了巨大的影响。白居易为何与徐凝有如此深厚的友情呢？历史上有一个白居易的"荐凝屈祜"的故事。

牡丹是洛阳名花，唐时江南没有这个花种。白居易在任杭州刺史时，杭州开元寺的僧人惠澄从长安经洛阳带回几盆牡丹来，在庭院中小心护伺，春来开得一片娇艳。于是，惠澄向白居易发出邀请。

白居易要去开元寺赏牡丹，惊动了杭城文人雅士。正巧，徐凝也从分水赶到杭州。白居易还没到，徐凝便顾自先赏，没有事先打招呼就在壁上题诗一首。

没等多久，白居易、张祜等先后来了。徐凝上前相见。白居易命人在牡丹花前摆下一桌酒席，一行人一边赏花，一边饮酒，一边谈诗。看见徐凝壁上有诗，白居易与张祜说道："张公子岂能无诗？"张祜当时的诗名很响，他的《题润州金山寺》诗，空前绝后。于是，张祜毫不客气也壁上题了一首。

白居易站起来，细细品读了壁上两首诗，沉吟半晌。白居易觉得徐凝的更适时合景，便推为首选。此后徐凝诗名大盛，与白居易的交往也更多了。

关于"荐凝屈祜"的故事，史载有很多版本，但有一点可以肯定，白居易与徐凝之间有君子之交，唱和多多。白居易要离开杭州了。履新前，他专程从杭州赶到分水看望徐凝。留下了《凭李睦州访徐凝山人》诗：

> 郡守轻诗客，乡人薄钓翁。
> 解怜徐处士，唯有李郎中。

《庐山瀑布》引发的争议

古往今来，描写庐山瀑布的诗很多，但能够成为千古绝唱的，当数李白的《望庐山瀑布》了。"日照香炉生紫烟，遥看瀑布挂前川。飞流直下三千尺，疑是银河落九天。"这是何等生动，何等气势，历来无人能出其右。

但是在李白去死后大约七八十年时，徐凝登庐山，也写了一首与李白异曲同工的《庐山瀑布》诗，居然轰动当时诗坛：

虚空落泉千仞直，雷奔入江不暂息。

今古长如白练飞，一条界破青山色。

诗成后，包括白居易在内，都拍案叫绝，可见徐凝这首诗是公认的上乘之作。

但是到了北宋，由于苏轼的一首戏作，徐凝这首佳作竟蒙受了"恶诗"劣名。一次，苏轼游庐山，读了陈令举《庐山记》。《庐山记》中辑有李白、徐凝的诗作。到开元寺，主僧求诗，苏轼作一绝云：

帝遣银河一派垂，古来惟有谪仙辞。

飞流溅沫知多少，不与徐凝洗恶诗。

苏轼作为一代文豪，对李白诗名仰重至极，固然无可非议，但他把徐凝的《庐山瀑布》贬斥为"恶诗"，却又太欠公允。由于徐凝诗所咏，题材与李白相同，而他的声名根本无法和李白相比，再加上"恶诗"的定论又是苏轼下的，所以近千年来，世人出于对李白、苏轼的崇拜和迷信，始终不敢越雷池一步，不能对徐凝的《庐山瀑布》作出公正的评价。

其实，徐凝诗非但不是"恶诗"，而且同样堪称歌咏庐山瀑布的"神来之笔"。因为再上乘的诗歌作品，都无法从所有角度穷尽艺术的意境，所以只要是目有所见，耳有所闻，心有所感，即使题材相同，也能够写出各具特色的好诗。徐诗末句的"界破青山"，堪称独有的白描神笔，两山之青夹一瀑之白，这种独具风格的画面，又是李白诗里见不到的。

三分明月

扬州是一个被唐诗宋词浸泡过的城市，现在扬州尚有徐凝门路、徐凝门桥等一些与徐凝有关的地名，这与他的"扬州绝唱"《忆扬州》是分不开的：

萧娘脸薄难胜泪，桃叶眉长易觉愁。

天下三分明月夜，二分无赖是扬州。

说是忆"扬州",实际上是一首怀人的作品,所以诗人并不着力描写这座"绿扬城郭"的宜人风物,而是以离恨千端的绵绵情怀,追忆当日的别情。不写自己的殷切怀念,而写远人的别时音容,以往日远人之情重,衬出今日自己情怀之不堪。《忆扬州》中,诗人让扬州明月出神入化,"无赖"之"明月"把扬州装点出无限风姿。"天下三分明月夜,二分无赖是扬州",后人几乎无人不晓,它甚至成了今天扬州的"形象代言词"。

扬州"徐凝门"额

"忠救王"钟厚

"忠救王"钟厚，是桐庐县新合乡钟氏的祖先，是新合文化的宝贵资源和精神财富，也是新合红色文化的历史源头和文化基因；"忠义门"是新合钟氏的家族荣耀，也是新合地方历史文化的精华所在。

关于钟厚这个人物，正史记载甚少。现在掌握的资料，主要存在于《桐江义门钟氏家谱》当中。家谱虽有隐瑕溢美的倾向，如5篇传序文、2篇碑记、18首赞诗等内容，但事迹大略却不会无中生有；即使是灵异事件，也是老百姓口碑相传，深信不疑的；而3道圣旨，更不会稍做改动。所以在这些资料基础上，对钟厚这个人物在不同阶段进行人物身份和主要事迹定位，并以此为载体，挖掘忠救王忠君爱国的忠义思想，弘扬钟厚舍身为国的忠义精神，是很有现实意义的。

敕封忠救王成九公像

钟救王像

"赛陶朱"钟厚

钟厚（975—1004），字德政，号惠民，宋代桐江嵩山（今桐庐新合乡里松山）人，族人称"成九公"。钟厚自幼就颖异非常，读书能过目成诵。成年后，娴于武备，膂力过人，能左右射。开始时，与父兄一起，在外婆家（今凤川大源溪边东坑坪）烧炭生财（有故事《东坑坪习艺》对其成长过程进行交代），后来又经商获利（故事《竹篓打水》有所反映），以致家业丰裕，时人称其为"赛陶朱"。

"陶朱"是指范蠡。在帮助越王消灭吴国实现霸业后，范蠡即急流勇退，化名为鸱夷子皮，泛舟五湖，遨游于七十二峰之间。期间三次经商成巨富，三散家财。后定居于宋国陶丘，自号"陶朱公"。所以范蠡还被后人尊称为"商圣"，奉为财神，评价其为"忠以为国，智以保身，商以致富，成名天下"。所以时人称钟厚"赛陶朱"，说明钟厚家境十分富有。

"游击将军""大先锋"钟厚

宋真宗咸平年间（998—1003），北方契丹屡次南侵，钟厚慨然说："大丈夫尽忠报国正在此时，安敢惧死哉！"毅然放弃富裕的家庭生活，投身于殿前都指挥使高琼麾下，进入抗击契丹入侵的斗争行列，以保卫国家的安全。他作战勇敢，屡立战功，被授予"游击将军"之职。因为每次战斗总是冲锋在前，军士们对他敬爱有加，又称他为"大先锋"。

真宗景德元年（1004），契丹再次入寇，起初纵游骑掳掠，后萧太后与萧挞览率军围瀛州（今河北河间县），直犯贝州（今河北清河县）、魏州（今河北冀县）、澶州（今河南濮阳县），中原震骇。真宗皇帝赵恒决定御驾亲征，钟厚随驾前行。前军到了澶州，契丹统军大帅萧挞览自恃兵强，直冲宋军阵脚。钟厚随主将李继隆奋勇抗击，杀死射死数千契丹兵。契丹主为避宋军锋芒，声言要遣使臣向宋主请盟求和，所以双方休战十余天。

此时，宋真宗驻跸在澶州城，准备接受契丹求和，并打算班师回朝。谁知正当宋军放松戒备的时候，萧挞览却暗中整饬精骑数千名来犯，直逼澶州城下。宋军来不及防备，兵将被杀死杀伤不少。钟厚闻讯，火速率部赶来助战。经过力战，终于杀退契丹兵，挞览中箭身亡，真宗皇帝平安还都。而钟厚也受了重伤，终因流血过多不治身亡，年仅三十岁。

"忠救王" 钟厚

到了仁宗朝，契丹又背弃盟约入寇。仁宗追思澶渊功臣，于庆历三年（1043）下诏，"追封游击将军钟厚为忠救王"，诏书说："朕惟崇德报功，国家大典，赐爵追封，朝廷之盛事。尔先阵亡游击先锋钟厚，当皇考亲征之时，正契丹猖獗之日，尔一介之士，奋勇斩贼，代主分忧，虽云阵亡，忠义显著，恤典未嘉，朕实悼之。兹特追封汝为忠救王，赐田里闾，立庙享祭，遣臣旌其门曰'忠义之门'。钦哉！故敕！"时间是宋庆历三年十月十五日，由中书省吕夷简奉行。

敕封圣旨

所谓忠救王，就是忠心救帝驾而封的王。仁宗追思澶渊功臣，自然是有大敌当前以激励士气的想法，使更多忠勇之士能奋勇杀敌。且"忠义之门"的旌表，在当时的历史环境下，激励作用是很大的。

"天官明王" 钟厚

宋建炎二年（1128），高宗皇帝赵构改封钟厚为"天官明王"。其圣旨为："朕赞大统，轸念元勋，尔故封忠救王钟厚，先以忠勇为皇祖败契丹于澶渊，今以阴兵助朕攻却金虏于淮浙，同战军士恍惚共睹精忠大义，生死不殊，朕甚嘉之。兹特改封忠救王为天官明王，赐田一顷，立庙享祭，仍遣官旌其门曰：'忠义之门'以彰我国家劝惩之典，服兹休命，永赉幽光，钦哉！故敕！"时间在大宋建炎二年三月十二日，由中书省臣李纲奉行。

这次改封，有个关键事件，那就是"以阴兵助朕攻却金虏于淮浙"。具体事件，似乎也未见正史，但在圣旨中出现，定然是事出有因。而此次加封，表面上看只是名称的改变，但其实是把钟厚从"忠救王"的"人王"的身份提升到了"天官明王"的"神王"的地位，完成了从"人"到"神"的转变。

历代名人的评价

历代文人和达官对钟厚事迹歌颂的很多，也留下了一些作品。如翰林学士承旨、知制诰兼修国史，被明太祖称为"开国文臣之首"的宋濂于洪武二十三年（1390）撰《忠救王庙碑记》；桐庐明代两部尚书、文敏公、姚天官姚夔也有《九王公诗集》：

> 胡骑长驱帝独征，寇公奋怒展神旌。
> 阏氏血落无成魄，可汗头悬不再生。
> 介石孤忠全国难，断金大节立军营。
> 今观决策澶渊处，夜夜风涛泣战声。

而清乾隆朝工部尚书礼部尚书，曾在新合设馆授徒的董邦达也和姚夔诗，歌颂钟公的忠义之举：

> 六龙万骑共长征，公独英雄死义旌。
> 存砥中流安赤甸，没将霖雨润苍生。
> 大清士子敛遗庙，弱宋恩纶表故营。
> 多少前贤凭吊后，松涛夜夜泣歌声。

乾隆三十二年（1767），桐庐县知县张图南敬撰《天官明王赞》。而桐庐县知事加一级的张坦熊于雍正元年（1723）题《天官明王序》，则高度概括了钟公的历史功绩和人格魅力：

壬寅（1722）春，余以勘山路由钟家庄，见夫溪流映带，有庙巍然。询之士人，佥曰"钟公神庙"，祈雨必应。癸卯（1723）季夏，弥月不雨。爰虔备香楮，至城之紫霄观。五日之内，获降甘霖，一时禾黍复苏，谓非神之力欤？阅钟家谱，知公生宋初，膂力绝人，勇也；澶渊之役，陷于阵难，忠也；南渡之后，阴魂破敌，义也；立庙享祀，捍灾御患，仁也。顾仁宗朝封忠救王，高宗朝又封天官明王，位已崇，名已著，奚俟后人之赞颂？为第躬承惠泽，福我桐民，敬献旗伞，恭勒匾联，亦祈仰酬于万一云。匾曰"致泽齐辉"，联曰："禀天上之精英，但识尽忠报主，奚计他年膺显爵；司人间之保障，凤能济世安民，自宜此日颂灵神。"

关于钟公庙的修建

早在洪武十三年辛酉（1380），浦江义门郑楷就写过《重修忠救王祠记》，记叙馀庆、馀惠兄弟在柏树坞口首建忠救王祠，以及后代重修忠救王祠的事迹。2020年，在地方政府大力支持下，钟公庙又进行了重修，拓展总体规模，增加建筑高度，并塑像撰联，整饬一新。我也应邀敬撰一联：经济赛陶朱，荣宗耀族；战功扶赵宋，拜将封王。这真是居庙堂之高则忧其民，处江湖之远则忧其君。无论在家为民还是在朝为官，都能忧国忧民，造福一方。钟公的精神，影响深远。

"扶大厦之将倾"的王缙

　　王缙（1079—1166），字子云，北宋分水塘源（今桐庐县分水镇）人。他出身书香门第，天资聪明，勤奋好学，宋崇宁五年（1106），28岁的王缙高中进士。王缙中举后，先在歙州（今安徽省歙县）任司法参军，很快升任英州（今广东省英德市）知州。在英州任上，他清正廉明，勤于政事，劝农事、兴书院，筑堰建桥，颇有政声，经吏部考核，他品格与治绩皆列一等，改任虔州（今江西省赣州市）知州。

中正不阿的谏臣

　　靖康二年（1127）四月，金军又一次南侵，将徽、钦两帝俘走，北宋亡。五月初一，20岁的赵构在南京应天府（今河南商丘）即位，史称"南宋"，改建炎元年，称宋高宗。不久将"行在"迁往扬州。建炎三年，金军又发动攻势，轻骑长途奔袭，前锋直指扬州，宋高宗仓皇渡长江，经镇江，逃到了杭州。当时朝中官员众多，派系不一，政见分歧，不可能畅所欲言，奏章也常常被中书省所扣留，且手续繁多，要"往复候报"，下情不能上达，紧急机密情况往往被贻误时机。为此，高宗在后宫内殿单独召见大臣"轮对"（单独谈话）。高宗单独约谈王缙时，他不为淫威屈服，也不因朝廷中有人曲为辩解而改变自己的主张，在高宗面前反映社情民意，评说时政得失，呼请同僚消除猜忌，同心同德，共度国难，深得高宗的赞许。王缙被召回京都任金部员外郎，做到了相当于现在的财政部副司长。朝廷本来想再次将他外放温州，但在面辞皇上准备赴温州上任时，高宗突然改变主意，任命他为监察御史，提拔为殿中侍御史，成了个谏官。

王缙一上任，就根据朝廷上下存在的问题，提出要"正纲纪、严守法、明赏罚、立军政、广储蓄、厚风俗"。他的谏言受到朝廷重视，不久再次得到重用，升为右司谏。随着职位的提升，他深知责任重大，不结党，也不参与帮派的钩心斗角。他常对人说："人才难得，特别是国家多事之秋，要爱惜人才，我身居言路，不专事弹劾，而要以社稷安危大计出发，以启君心。"还针对当时地方官吏营私舞弊、大兴冤狱的事，一连上了两道奏章，揭露一些地方官吏"宽恤之诏频频下，而只挂墙壁，民不被泽"。意思是：朝廷制定了很多体恤民情的政策，但许多地方政府只把它挂在墙上，老百姓得不到实惠。恳请朝廷检点、整肃地方官员。高宗称赞其"中正不阿，得谏臣体。"

南宋绍兴六年（1136），江浙大旱，庄稼歉收，民不聊生，不少朝廷大臣视而不见，照样横征暴敛。怀着为民解忧的心情，王缙向朝廷提出"禁科役，免谷税，通籴船，以拯救灾难"的意见。朝廷采纳了，使灾民减轻了苦难。

由于王缙反对与金议和，不与投降派沆瀣一气，他们随便找个借口，将他降职外放常州。有一次，一个投靠到刘豫（金朝扶植的傀儡皇帝）门下旧僚路过常州，登门拜访王缙。王缙见到这个伪齐官员，怒火中生，大声责骂：屈膝投降，卖国求荣，丧尽天良的走狗！该官被赶出门外后，羞愧难当，到杭州向秦桧哭诉。秦桧听了火上加油，怀恨在心。

王缙面对奸臣当道，朝政腐败，联合赵鼎、李光、胡铨三人上疏，请斩秦桧等人。当时高宗只听秦桧之言，这道上疏不仅未动秦桧一根毫毛，反而凡参与这件事的人都受到了秦桧的报复，罢了王缙常州知州职，只给了个管理台州崇道观的差事。已是花甲之年的王缙，知是无力"扶大厦之将倾"，只好请求退休，回家养老。

王缙与张浚

绍兴七年（1137）八月，淮西军副统制郦琼率部叛变投敌，统制张景，兵部尚书吕祉先后遇害。言官认为这是宰相张浚没有选拔好淮西军统帅缘故，应当负全部责任。张浚有口难辩，只得上疏说自己有不察之罪，自求罢相。

「扶大厦之将倾」的王缙

为保护这位抗金将领，王缙向高宗上了一道的奏章，竭力陈说张浚为国立过大功，藕塘抗金大获全胜，还受过朝廷奖励，不能以一个过失掩大德，坚决要求起用张浚。

张浚（1097—1164），字德远，号紫岩，汉州绵竹（今属四川）人。宋政和八年（1118）进士，历枢密院编修、侍御史、知枢密院事、川陕宣抚使、尚书右仆射同中书门下平章事、江淮宣抚使，除少傅、少师，封魏国公。

张浚与岳飞、韩世忠、张俊并称南宋四大名将，是著名抗金将领。隆兴二年（1164）五月，张浚因公经过桐庐，登钓台写下《过严子陵钓台》一诗：

> 古木烟笼半锁空，高台隐隐翠微中。
> 身安不羡三公贵，宁与渔樵卒岁同。
> 中兴自是还明主，访旧胡为属老臣。
> 从古风云由际会，归欤聊复养吾真。

这一次，张浚还特地转道分水，探望旧僚王缙。

对于旧友的到来，王缙也不敢怠慢，便在桐庐、分水交界的"浪石亭"迎接。一个是当朝红人张浚，一个是退隐还家的王缙。老友相聚，谈及往事，张浚正气盈怀，慨然吟下《会谯浪石亭》：

> 缙桧相逢在此亭，一和一战两纷争。
> 忠良不遂奸雄志，砥柱中流于此存。

诗的大意是，秦桧和王缙曾经在浪石亭为战和一事各执己见，王缙不屈秦桧的淫威，激烈纷争。真忠良不会放弃原则而去附和奸臣的意愿，这是需要骨气和勇气的，王缙你才是宋朝的中流砥柱！对王缙刚正不阿的品质给予了高度赞颂。

为了纪念张、王浪石亭"会谯"，亭子此后改名为"砥柱亭"。

奏疏

上殿第一劄子 紹興五年八月 宋 王縉

臣聞先王之有天下非止成一時之功而必思所以為子孫

垂無疆之休者故夏書曰有典有則貽厥子孫商書曰以義

制事以禮制心垂裕後昆周詩曰貽厥孫謀以燕翼子此三

代所以為有道之長也漢高祖得天下於馬上既定之後命

蕭何等次律令申軍法定章程制禮義規模宏遠矣光武中

與教引公卿郎將講論經義夜分乃寐退功臣以全恩舊舉

逸民以厲名節亦前後享國四百餘年而後已及晉平吳混

一天下而何曾語其子曰吾每宴見未嘗聞經國遠圖此子

孫之憂也已後果然由此觀之有大業者可不為經久之慮

《光緒分水縣志》載王縉奏疏

「扶大廈之將傾」的王縉

"沧江散人" 徐舫

元代桐庐最大的名人，无疑是徐舫。

徐舫是当时著名的"睦州诗派"的代表人物之一，他自号"沧江散人"。确实，徐舫非常有个性，他的行为轨迹也与大多数"睦州诗派"成员不同，显得不拘一格。今天，我们来认识一下这位"侠义诗人"徐舫。

徐舫（1299—1366），字方舟，家住今天的桐君街道柯家埠，元代文学家。徐舫幼年时，崇尚侠义，好走马、击剑、蹴鞠（古代的"足球"运动）。成人后则好文，勤于读书，酷爱吟咏，潜心探究睦州诗派的作品。他曾经漫游江、浙、汉、淮等地，与各地名士相互吟咏切磋，诗艺精进。徐舫对仕途不感兴趣。当时江浙行省参政苏天爵欲推荐他任职，徐舫回答说："吾乃诗人，岂能受禄位羁縻。"竟然避而不见。洪武初，故友刘基被征召入京，路经桐庐时，邀请徐舫进京。徐舫表示无意仕途。后来，他在江边筑一别室，每日吟哦在烟波出没间，恍若与世隔绝，自号"沧江散人"。大雪天，他泛舟独钓寒江，流连终日。关于徐舫无意仕途一事，《杭州通鉴》唯一收入的元代桐庐史料就是《徐舫拒仕》一则。

徐舫这位"沧江散人"整天出没在桐庐的山水间，几乎与桐庐山水融为一体，他不仅筑室居住于江边，也曾寄宿在瑶琳洞里。1979 年开发瑶琳仙境时，在洞中发现一面铸有"方舟"两字的铜镜，专家认定这面铜镜是徐舫遗留的。如今这面铜镜陈列在桐庐县博物馆的橱柜里，向我们诉说着一位桐庐古人与故乡山水相依相伴的故事。

徐舫与桐庐山水的情缘，更多地反映在他的诗文中。他落笔最多的是桐君山，除了表达他对"古昔有仙君，结庐懇桐木。问姓即指桐，采药秘仙箓"的桐君老人的崇敬之外，桐君山这座桐庐的标志性名山在徐舫心中的地位可想而知。徐舫另外写有《阆仙洞》《瑶林洞》等诗，不仅如此，他还写有《独高峰》《尖山》等桐庐境内的其他普通山峰的诗篇，可见他对家乡桐庐山水的热爱。

"七里滩横孤棹影，立山钟响五更头。古来潇洒称名郡，莫把繁华数汴州。"（汴州，就是汴京，北宋都城，今天的河南开封。这句从南宋诗人林升《题临安邸》"直把杭州作汴州"的诗句中化出。诗是这样的：山外青山楼外楼，西湖歌舞几时休？暖风熏得游人醉，直把杭州作汴州。大家都非常熟悉）"古来潇洒称名郡，莫把繁华数汴州。"这是徐舫站在桐君山顶，俯瞰桐庐县城发出的赞叹。看得出徐舫对于家乡桐庐的深厚情感。倘若他能穿越到今天，再登桐君山，眺望如今的桐庐县城，不知会吟诵出怎样的诗句？

关于徐舫的资料，我们掌握得并不多，给徐舫贴上"侠义诗人"的标签也许并不恰当，因为人一定是多面性的。不过，在徐舫的个性和行为特点中，侠义成分确实是非常的突出。他自号"沧江散人"，有"因寄所托，放浪形骸之外"的寓意。他性情外向，行为洒脱，自幼习武，好驰马论剑，与诗仙李白年轻时追求侠义的行侠风格很有相似之处。在我看来，徐舫虽然不愿入世，遁迹山林，但他并没有真正地与世隔绝，相反，却时时关注他热爱的桐庐这方故土。

主持人：原来李白还做过侠客啊，那徐舫会不会是有意追模李白的行为呢？

嘉宾：这个有可能，当然，更有可能完全是他的性格使然吧。不过，徐舫的人生经历确实与李白有相似之处。一般认为，李白从来不去考功名，是不想做官的，是吧？其实，李白非常想成就一番大业的，只是一直没有机会得到他满意的位置，无法施展自己宏大的政治抱负。唐代天宝年初期，李白被唐玄宗李隆基招为翰林待诏，是一个没有什么实权的虚职文官，而且带有文化娱乐性质的。文学、琴棋、书画等各色人士，以其专长听候君主召见，称"翰林待诏"。唐玄宗时，较多地选用文学士人，称"翰林供奉"，用于起草诏令，议论时事。这种工作对李白来说是小菜一碟。所以，李白总是感觉不满意不得志。那么，徐舫呢，跟李白一样，家道殷实，所谓"千金散尽还复来"。小的时候玩骑马、击剑，玩足球等等，长大后开始学习文章诗词，研读科举课目，勤奋努力，很快下笔有神，灿然成章。与李白不同的是，徐舫曾赴京赶考，但名落孙山。后来，在县衙内谋得了一个刀笔小吏的职位，也就是动动笔杆子的县府衙门小秘书。后又逢大考之年，再次赴考，仍未考中。于是，徐舫决心放弃科举仕途，就一心隐遁山林，写诗吟咏，特别是对"睦州诗派"情有独钟。

主持人：徐舫潜心研读"睦州诗派"作品，又漫游各地，遍访诗家名流，边交游边学习，特别是与青田刘基、龙泉章溢、丽水叶琛等名士相互切磋，诗艺精进。

嘉宾：是的。"睦州诗派"当时在全国都有较大的影响力。睦州建于隋朝603年，是严州的前身，宋朝的时候别称"桐庐郡"，范仲淹有《潇洒桐庐郡十绝》赞颂山水人文之美。睦州，历史上人文荟萃，多文学之士，形成了著名的"睦州诗派"，其代表人物有方干、李频、喻凫、翁洮、施肩吾、章八元、徐凝、周朴、喻坦之、皇甫湜等人。"睦州诗派"的作品大多以山水田园诗为主，多写景和赠别之作。诗风清丽明快，反映了睦州地方的人文特色。

主持人：元至正二十年（1360），刘基应朱元璋之请，与宋濂、章溢、叶琛等浙东名士同时出山辅弼。途经桐庐时，刘基并没有忘记徐舫这位往日的诗友，准备邀请徐舫同行，为其举荐。然而徐舫已过花甲之年，无意为官，婉言谢绝。

嘉宾：据说，当时的江浙行省参政苏天爵听说徐舫有才能，准备推荐他做官。徐舫知道后，说："我是一个诗人，哪里受得了官场上的那些束缚！"从此之后，徐舫在富春江边筑一别室，苦吟于云烟出没间，流连终日，恍若与世隔绝。

主持人：徐舫虽然在仕途上不得志，但他在诗词方面取得很高的成就。他留下了哪些有名的诗作呢？又有什么样的艺术特色呢？

嘉宾：据《明史·隐逸》一书记载，徐舫诗有《瑶琳集》《沧江集》两集，均收入《元诗选》，流传于世。桐庐县政协编纂的《桐庐古诗词大集》收录徐舫诗18首。桐君山、严子陵钓台、横村尖山、瑶琳仙境等都留下了徐舫的诗篇。明初著名文学家、大学者宋濂说，徐舫的诗"圆润、柔和，如玉色交映；绮丽、多彩如明珠闪耀。"可见，评价是相当高的。

主持人：1979 年，开发瑶琳仙境景区时，"金鸡观瀑"景点后面，发现一面铸有"方舟"两字的铜镜，据说是徐舫在瑶琳洞留下的。这是怎么回事？

嘉宾：众所周知，元末时候，战乱频发，百姓不得安生，加上瑶琳洞仙境一样的吸引力，徐舫只身隐居在洞内，过起了神仙般的生活。有关专家判断，这面刻有"方舟"两字的铜镜就是徐舫隐居瑶琳洞时，脱落在洞里的。

主持人：前面谈到徐舫的侠义个性，好侠义之举。但据说他平时从不喜怒于色，也从无急步疾呼之举，给人以平和安详、从容不迫的感觉。他的墓志铭记载有这样一件事：安徽宣城有一个姓罗的人，曾经率领族人避难于桐庐，徐舫不仅给他们提供衣食住宿，还给他们看病吃药，对于死无归所者，为之择地埋葬，等到兵乱平息，用大船送他们回家。他的义举可谓是义薄云天啊！

嘉宾：确实如此。徐舫如此侠肝义胆，无怪乎刘基寓住桐庐后，两人便惺惺相惜，结为知交，互相唱和，引以为乐。然而，刘基心中始终放不下的是他那"治国、齐家、平天下"的政治抱负。虽然，此前刘基在江西担任过高安县丞，甚至担任过江西省的掾史（辅助官员办事的，相当于现在的秘书或助理）。但是，这些小小的职位并没有给他施展政治抱负的余地，反而因人品正直，处处受到打压和排挤，心中郁愤，无计可除，只得弃官，遨游海内，寄情山水。对徐舫的淡泊名利、韬光养晦，刘基心中十分仰慕。徐舫对于远道而来的饱学之士刘基，自然也是一见如故，相见恨晚呐！但对于刘基要他出山的邀请，徐舫自然也是婉言谢绝了。

主持人：徐舫没有接受刘基出山为官的邀请，并欢快地与刘基告别。这一别竟成了刘基与徐舫的永别。刘基在人生的理想上终于得以一展抱负，成了朱元璋的重要谋士，大明朝的开国功臣，为大明江山社稷立下了汗马功劳。而徐舫终也在山林中度完了他逍遥的一生，实现了他的人生信念。

「沧江散人」徐舫

近山老人李文

李文（生卒年不详），字仲章，号近山，李骥族弟，是元代翙岗隐逸群中的重要人物。据清光绪绪十七年《凤冈李氏宗谱》人物行状记载："（李文）自幼志趣不群，明春秋，读书不烦，程督既冠，卓然自立，豪逸迈众。"刘基称赞他是："儒士之旷达者。"

与李骥相较，李文并不是一个纯粹的隐者，他既有儒士建功立业的志向，又有隐士潇洒散淡的心性，一直在出入之间徘徊惆怅，最终怀着满腹才华，流连在了山水烟霞之中。

翙岗老街

一、诗画交鸿儒

翙岗李氏，本系簪缨之族，到李文这一代时，已是桐庐首屈一指的名门大户，而且家族盛行崇文尚义之举，一时四方名士争相来游。至李文时，与诸名士的交游达到了鼎盛，元代著名书法家，礼部尚书、奎章阁大学士康里巎巙（1295—1345），字子山，元代著名道士、诗文家、书法家张雨

（1283—1350），道名嗣真，号句曲外史，元代著名文学家、书画家杨维桢（1296—1370），字廉夫，号铁崖，著名书法家俞和（1307—1382），字子中，号紫芝，元代著名文学家宋濂（1310—1381），字景濂，号潜溪，元代著名画家赵孟頫之子赵雍（字仲穆），元代画家赵孟頫外甥林子山；元代名士许瑗，字栗夫、吴立夫，元代剧作家柯丹邱，以及大名鼎鼎的刘基（1311—1375），字伯温，都争相与李文交游。一时群彦荟萃，鸿儒云集，翙岗李氏也声名远扬。

李文不仅擅长诗文，而且擅长绘画。他曾画过一幅《林泉读书图》，其侄儿李恭、好友康里嶂嶂、刘基等名士都留有题诗跋文。

李恭《题林泉读书图》诗曰：

观昔于今一梦中，竹林书舍已成空。

衣冠人物具尘土，惟有溪山似画中。

康里嶂嶂《题李近山林泉读书图》诗曰：

深林飒飒无人到，却是秋风落叶声。

抛卷出门聊倚杖，且看山下白云生。

刘基看了康里嶂嶂的题诗后，诗兴大发，也和了一首《次前韵》，诗曰：

茅屋秋风黄叶里，隔溪听得读书声。

松萝掩荫无行处，更有晴云满路生。

虽然李文的《林泉读书图》没有流传下来，但是通过李恭、康里嶂嶂和刘基三位名士的描述，依旧可以看到李文此画描绘的情境：白云绕山，深林飒飒，一条小溪缓缓流淌，在浓密的树荫下，一位儒士放下书卷，拄杖凝望。这不就是李文翙岗村依山环水的现实情景吗？从题诗中，可以深切地感受到李文与刘基等名士交流唱和的潇洒风采。

　　进入明代，李文去世，其子还千里迢迢赶到金陵前去向刘基报讯。刘基闻讯，哀痛万分，写了一首感人肺腑的追悼诗，诗曰：

追悼李君近山

　　桐庐李君近山，儒士旷达者也。与仆为知心友，契阔十余年，风尘颅洞，音问杳绝。忽其子来京师，始知李君亡矣，悲感成诗，聊以写其情耳！

　　　　白头经丧乱，青眼总凋零。

　　　　解剑情何及，看山兴已暝。

　　　　夕岚空蕙帐，朝雨翳松铭。

　　　　痛哭幽明隔，酸凄孰为聆。

　　此诗字字句句情真意切，充满了对故友的追忆哀悼之情。"青眼"出自晋代阮籍看待友人正视，看待厌恶之人则斜视的典故；"解剑"出自延陵季子季札践行诺言，挂剑徐君墓的故事。刘基以阮籍和季札对待朋友的态度，表达了他与李文君子之交的深情厚谊。"夕岚空蕙帐，朝雨翳松铭"一句则真实地再现了李文林泉幽居时的生活情景，若非挚友，何能道及如此。

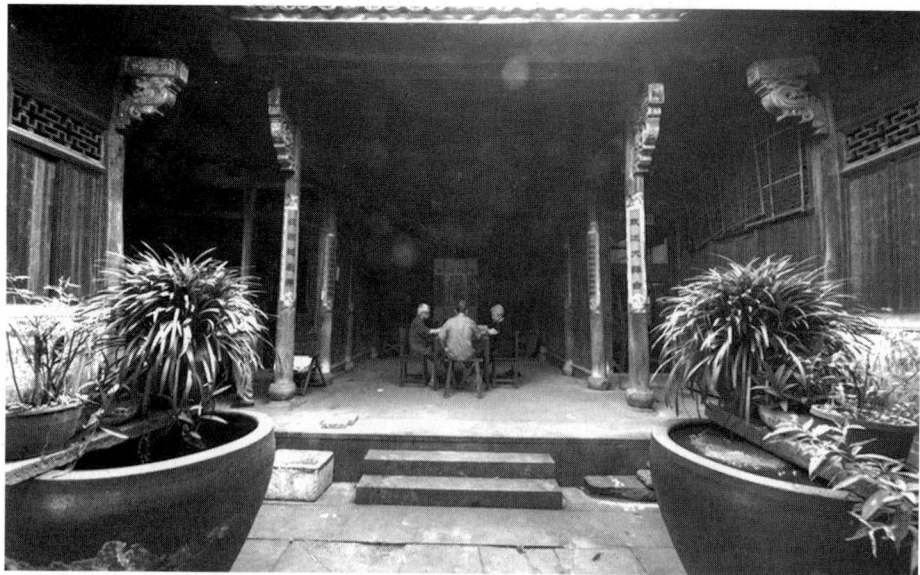

翙岗康德堂

二、儒士初显功

李文曾担任过郡县庠序的广文（教官），他在对待功名的立场上与刘基颇为相同，尽管面对蒙元异族的统治，他还是抱着积极入世态度和决心，想通过出仕来实现人生理想。

据清光绪绪十七年《凤冈李氏宗谱》的记载："（李文）初授建德路桐庐主簿，张士诚起兵骚扰吴越，元将不花儿统兵击之，屯于县境，粮饷不济，公出家储，以饷士卒，赖以克捷。至正十二年七月，红巾贼反，奉浙东宣慰使司都元帅脱脱，咨（李）文差往剿捕，屡奏捷。论功行赏，升授浙江行省都事。"

从这段记载中可知，李文一开始就有桐庐县主簿的职务，在打击张士诚的战斗中，李文献出家中储备，解决了元将不花儿军队的粮饷问题，可见李文家道的殷富。在其后的红巾军起义中，李文受元帅脱脱之命，前往衢州地区剿捕戡乱，屡次获胜奏捷，并因军功提拔为浙江行省都事。看待历史人物，要结合当时的历史背景，刘基在离开翙岗后，在 1352 至 1358 六年间，被元朝启用为浙东元帅府佥事，也多次参与了平定浙东农民起义的战争，但并不影响后来他帮助朱元璋推翻元朝统治的历史功绩。站在当时元朝政府的立场，李文为维护社会稳定立下了大功，这符合他修齐治平的儒家追求。

三、遁迹终山水

作为元朝故吏，在元末农民起义的大潮中，李文选择了弃官躲避，他在《避世山中和韵》中写道："迢递天河水，河当洗甲兵。风尘嗟客况，霄汉惜交情。李愿终归谷，庞公不入城。山深无鼓角，好为养残生。"希望借助天河水，一洗天下兵戈，表达了对战争的厌恶，对平静终老的向往。

当时蒙古势力已被元末农民起义军赶出了中原，朱元璋在刘基等能臣的帮助下，开始逐个击破张士诚、陈友谅等红巾割据势力。面对群雄纷争，社会动荡，李文只得偕家随友人避乱于金华山中。据清光绪绪十七年《凤冈李氏宗谱》记载："元亡，（李文）与许瑷（字栗夫）游金华山中，飘然有物外想，迨洪武定天下，始复旧居。"

　　从中可以看出，李文在躲避元末农民起义的战争中，饱受战乱之苦，在深山老林中才有了飘然物外，遁世归隐的念头。其时，李文已经进入暮年，战争离乱的痛苦，家山田园的招隐，使得李文更加思念家乡的田园生活。等到朱元璋一统天下，李文才回到了翙岗，重新修复故居，开始了真正的隐逸生活。

　　李文晚年，画了一幅全身肖像图，并题了三首诗。其中一首写道："如寄形骸本不真，一时摹写作全身。信知灵爽千年后，留到儿孙说古人。"他希望千年之后，能留一幅肖像给儿孙凭吊纪念，并作了作一首四言诗，概述了自己散淡的一生："黄冠野服，逍遥自如。性静心逸，志动情舒。无求名利，嗜读诗书。近山而居，临水而渔。抱冲养性，乐也蘧蘧。""近山而居，临水而渔"基本概况了他的隐逸状况，"近山老人"的自谓也由此而来。

　　战乱之后，李文对翙岗的山山水水更加喜爱流连。他在闲居之余选取了翙岗十个景点创作了《南冈十景诗》，其中的《山市晴光》便是他对战争创伤的感慨：

> 村郭朝晴图画开，两山时好送青来。
> 彩帘摇影沽春酒，翠竹凝辉间玉梅。
> 霞彩远涵新院落，日华纷绕旧亭台。
> 可怜二十年重到，一段繁华付劫灰。

　　诗中青山依旧，画图新开，翠竹梅花交相掩映，新院旧亭满目沧桑，离乡背井二十年，昔日高朋亲友多已不在，往日的繁华已是劫后余灰，诗人不禁感慨满怀。

　　李文暮年，梳理总结了一生的诗文创作，编辑了《古乐府》二卷、《近山集》二十卷。李文的一生，见证了翙岗李氏在历史转折时期的一段兴衰史，他的出仕与归隐，这是人生理想与历史变迁碰撞的结果。

呼鹤山人李恭

李恭，生卒年不详，字子端，号呼鹤山人，元末明初翙岗著名隐士。李恭系李骧、李文之侄，与李康为同辈兄弟，他身如闲云野鹤，半生行迹江湖，视功名若浮云，却又平步上青云，是元末明初翙岗李氏族群中最为潇洒的隐逸之士。

一、呼鹤遨江湖

也许是受北宋处士"梅妻鹤子"林逋（967—1028）的影响，李康取了"梅月"之号，李恭便以"呼鹤"自居，梅鹤本为一体，而李氏昆仲各取其一。李恭取"呼鹤山人"之号，就已经表明了他隐逸山林的处世方式。

翙岗李氏世为书香门第，族人自幼就接受良好的儒家教育，因此李恭与李康的行状也极为相似。光绪十七年《凤冈李氏宗谱》人物行状对李恭的记载是："自幼颖悟过人，五经百家诸史无不通晓，韬迹山林，隐居不仕，朝夕以诗文自娱。"由此可见李恭精深的儒学造诣。同时，李恭也有与李康一样的坚守之举。元宰不花儿久闻李恭大名，想请他出仕任职，结果受到了拒绝。李恭向往的是闲云野鹤般的处士生活，所以他宁可在江湖遨游，也绝不会接受元朝的聘任。

李恭喜好深究天文地理，以遨游江湖为乐。他以富春江一线为主要活动范围，行迹遍及大江南北。据光绪十七年《凤冈李氏宗谱》记载："（李恭）好赋诗以纪时事，所著有《呼鹤山人集》。"《呼鹤山人集》诗稿今存一百余首诗，从诗目中可见李恭的旅程行迹。严州府治梅城是李恭频繁活动的区域，

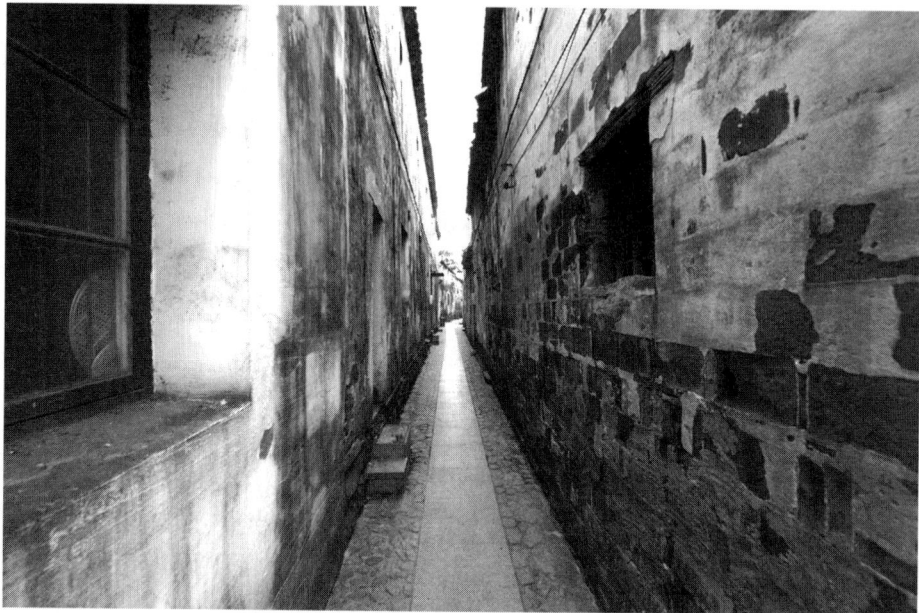

翔岗古弄

李恭有《夜宿郡庠有怀》《严郡幕府集宴呈诸子》《严城寓风雨作》《严城舟中》等诗歌，记录了他在梅城各个时期的活动情况。沿着富春江，李恭到过遂安、分水、桐庐、富阳、杭州，并且到达了南昌、苏州、南京、山西等地，每到一地都作诗留记，并结交了一大批文人雅士。

李恭结交的文人雅士有地方名流，以及教官、教谕、县令、府尹等政府官员，刘基便是最为知交的一位。1341 年，刘基弃官寓居翔岗，与李恭、李康、李文、李骥等名士交游，结下了深情厚谊。李恭在《秋日怀友人刘伯温赋二首》诗中就表达了他与刘基的金兰之交，其诗曰：

其一

倚栏惜别暮江天，一纸音书动问难。

两地相思无限意，何时携酒话平安。

其二

怅思惜别暮江东，自谓金兰气谊同。

何日一樽重晤对，黄花香里话西风。

其时，刘基已经离开翙岗，继续他的仕宦之旅。面对秋日黄花，李恭又想起了与刘基把酒西风的相聚时刻，然而音讯杳隔，锦书难托，他只有借诗遣怀，一表深情。

翙岗华林寺

二、诗情系桑梓

　　李恭是一位很重乡情的诗人。《呼鹤山人集》中有20多首讴歌赞美家乡山水的诗歌，其中写华林寺两首，写小源山四首。山是家乡好，月是故乡明。李恭在《舟回远望家山》中写道："夕阳影里见家山，静倚归篷意自宽。一片白云飞更好，此情不比太行山。"表达了他对家乡山水的依恋向往之情。

　　李恭描写最多的还是桐君山。桐君山是桐庐人心中的家山，李恭对桐君山情有独钟，一共创作了十首诗歌，其中合江亭就写了七首，可见桐君山在他心目中的地位。兹选录两首如下：

题合江亭之一

一丝风下碧云天，亭上窗开霁色鲜。

严子钓台青树里，桐君丹灶白云边。

千家画栋前朝屋，百里清江过客船。

潇洒桐庐几兴废，野花山鸟自年年。

重题新建合江亭之一

潇洒名亭傍水边，泉声月色净娟娟。

朱帘暮捲千峰雨，绿柳晴拖万户烟。

桐树枝繁丹凤宿，桃花浪暖鳜鱼鲜。

古今不尽登临兴，诗酒风流奕世传。

在李恭的诗中，桐君老人、严子陵都是千古不泯的古贤君子；在他的笔下，桐江山水，风物人情都焕发着勃勃的生命朝气。他的诗风清新隽永，充满了潇洒散淡的逸兴豪情。

三、御旨知石州

李恭本欲以儒术出仕，成就一番功名，但元朝政权的黑暗统治，迫使他做出了归隐终身的抉择。朝代更迭，命运之神眷顾了他的初衷梦想，使他成为翙岗李氏隐逸群中的幸运儿。李恭晚年，已是明朝洪武年间。天下初定，朝廷迫切需要人才治世，经过两次征召，李恭终于打破隐居的宁静，决定赴南京面圣。

明洪武四年（1371）五月三日，李恭等一批被征召的前朝士人受到了明太祖朱元璋的召见。李恭写诗道："自喜躬逢尧舜日，康衢歌颂万斯年。"认为欣逢明主盛世，对朱元璋的礼贤下士称颂不已。同年八月十五日，经朱元璋当场面试，李恭被亲点入列，受到了前所未有的礼遇：受到御筵款待，并被赏赐御酒、天鹅、端砚等物品。李恭感激涕零，作了一首《御前恭赋》记之：

春明东阁趋朝日，身近清光万象和。

丹罂香浮颁内酝，雕盘异味赐天鹅。

文辞屡对龙颜试，批点钦承御笔多。

同沐殊恩何日补，此情恋阙奈如何。

　　洪武五年（1372）四月初八，朱元璋下旨敕授李恭为山西石州知州。这是翔岗李氏士人自元代以来从未有人享有的殊荣：经过举荐面圣，一步踏入仕途，而且得了个从五品的州府最高行政长官职务——知州。李恭为此着实激动了一番，敕命下颁之日，又作了一首《敕符使山西石州知州》，诗曰：

纶音又下九重霄，班列丹墀立俊髦。

奉使已衔君命出，忧民深念圣躬劳。

龙江驿转东淮阔，碗子城连北塞高。

回首蓬莱怀宠德，御炉香霭在青袍。

　　山西石州即今山西省吕梁市离石区，境内群山环绕，沟壑纵横。明朝初年，元朝势力败退蒙古草原，石州正与蒙古旧部接壤，是个形势险峻的地区。派一个从未有过仕途经验的文士到石州任职，一方面体现了朱元璋的知人善用，一方面也说明了李恭的真才实学。朱元璋在宰相人选上都要请教刘基，李恭由一介布衣平生从五品知州，很有可能是受到了好友刘基的助推，否则做个七品县令也很不容易了。李恭没有辜负朱元璋信任，在石州任上一干就是六年。洪武十三年（1380），李恭奉旨回京面见朱元璋，他在《庚申九月六日奉旨山西石州还》诗中写道：

华盖巍巍宝殿开，小臣新奉赤符回。

布衣鹄立炉烟内，又荷君王顾问来。

　　这次回京，李恭面见了朱元璋，向他汇报了石州任职的情况。此时的李恭已近暮年，因年老多病，不久朱元璋同意了他的辞归请求，他在《老病赐归》诗中写道：

> 布衣趋立奉天门，一一重瞳亲较论。
>
> 因是樗才兼老病，赐归深荷圣明君。

　　李恭是幸运的，他跟刘基一样遇到了圣明之君，得以在晚年平步青云，实现了古代儒士功成身退的梦想。同时，李恭也是潇洒的，他不失性情，笑看功名，"秋风吹动乌纱帽，莫待诗人醉后狂"（李恭《重九日登桐君山》），该退则退，终得完美！

重农劝耕说方礼

石阜村是建村历史悠久的古村落，方氏是石阜村中大姓，文化传承源远流长，方氏名人灿若星辰。根据《桐庐县志》和其他历史资料记载，自元末至民国，石阜有方氏八贤，是数百年来石阜村之英才，名记于县志，声传于民间。而方礼为石阜方氏八贤之首。

一、县志记载中的方礼

方礼，字思义，号丹泉，桐庐定安乡(今江南镇) 石阜村人。是石阜方氏九世祖，族人称其"永七公"，后人因其安葬于斛山而尊称他为"斛山阿太"。

方礼为人慷慨好义，仁厚好施；爱学诸子百家典籍，特别喜爱吟诗作文，是名闻江南的文博。可他不愿做官而诚心劝农，深受乡民爱戴。

元朝末年，战乱频繁，田地大多荒芜。明朝建立以后，明太祖朱元璋命令地方官员勘验荒芜田地，令军士至各乡村"军屯"，

方礼

一面开荒种地，一面担任防守之责。然而，"军屯"常有扰乱地方、侵害百姓之事发生。方礼看到这种情况，便放弃平时研诗作文的爱好和乐趣，奋勇向上提出"包荒"的办法，改"军屯"为"民屯"。为了发动更多的人投入到

垦复荒芜田地的行列中来，他准备了多种播种法，吟成《田家咏》《劝农歌》，不辞劳苦地奔走于各地，劝民耕种；同时又身体力行，率领家人带头垦荒。四乡农民为他的精神所感动，纷纷响应。县志载："远近取则。其乡六里，至今无屯军之扰，人皆德之。"一段时间后，不仅桐庐下南乡一带的荒芜土地很快得到了开垦恢复，而且"军屯"扰民之灾祸也随之被消除，特别是地方上出现了"民耕物阜"安乐太平的兴旺景象。

方礼劝民垦荒取得了这么大的成果，浙江巡抚得知后，向朝廷推荐，准备任他以官职。方礼得知后，画了一幅《耕阜图》送上，谢绝了巡抚的推荐。并写了一首诗，以表明自己的安逸之志："乐隐因辞轩冕，谋生且学耕耘。高风千古谁推论，堪与严陵相并。南亩乘时播种，落实到处缤纷。此间离乱未曾闻，仿佛桃源风景。"阐明了他要像"不事王侯，耕钓终身"的严子陵一样，坚持"有志劝农稼穑，无意离乡为官"的志向。

这幅《耕阜图》送到京城，京师官吏士林竞相争阅，并赋诗赞颂。当时在京城吟咏《耕阜图》的诗词非常多。为了扩大影响，由长史郑楷作序，翰林院郑棠题跋，编成专集，向社会传播，以劝民耕。

方礼还注意为地方行善举。据乾隆《桐庐县志》记载，明洪武年间，他在县城东南十三里处岩桥庄建了一座方家桥，邑人甚是感激。

甘泉明王庙

方礼的《耕阜图》是国家级文物，据说珍藏在北京故宫博物院明史馆中。这是石阜方氏的骄傲。方礼捐资建的方家桥，也一直便利当地村民，直到近年土地开发建企业，方家桥才完成历史使命。

方氏后人为纪念方礼的功绩，建甘泉明王庙祭祀。后该庙改称阜成庙，至今保存。

二、民间传说中的方礼

在民间传说中，方礼更多的是以"斛山阿太"之名，在村民口头流传。

例如《九代单吊》，说是石阜方氏自南宋乾道年间从浦江迁入，发展到现在人口4000，村民绝大部分姓方，是桐庐县单姓人口最多的行政村之一。但却曾经经历过九代单吊的危险境地，也就是说曾经丁口一直不发，有九代人都只有一个男丁。到第九代方礼，虽然有兄弟三人，但大哥永五无后，二哥永六去江西抚州为官未归，只有永七方礼在家，也形成"单吊"局面。并且方礼年过半百还没有一个儿子。这种局面，一直到方礼六十岁以后，才发生改变。

那么方礼六十岁时发生了什么事情呢？请听第二个故事《陈谷子发芽》。

方礼到了六十岁，血气还很好。这一天，他骑着一匹体高骠肥的白马，路过岩桥，看见溪边 一个女子正在俯身槌衣，水中倒影显得十分美丽，方礼看见了，很是喜欢。为引起注意，故意让帽子掉下，然后就在马上脚不离蹬地把帽子捡起来。当姑娘朝他一看，并婉尔笑时，他就勒马问道："请问姑娘，六十年的陈谷子还会发芽吗？""那只要秧田壮（肥）啊！"方礼一听，满心欢喜。回家后，就请媒前去说亲。

姑娘的父亲听后哈哈大笑，说方礼年纪跟我差不多，我女儿年方十八，这怎么可以呢？也罢，方礼如果能在岩桥溪上造一座茶源石桥，便利过往群众，我也就许了这门亲事。

茶源石产于淳安，与岩桥相距二百余里，要把石头运到这里，谈何容易。可方礼不惜倾家荡产，一年之间，就在溪上架起了崭新的茶源石桥，也就是前面提到过的方家桥。

方礼自从娶了岩桥姑娘，老竹根头爆嫩笋，竟一连生了三个儿子，三个儿子又一共生了九个孙子，从此子孙繁衍，逐渐发展成江南大姓。

而关于方礼劝耕的故事，有《方礼得宝》《耕石头的人》等等。这里只说前一个。

不要看现在的石阜范围蛮大，在元代末年的时候，村址还在现村东面的仰卧山上，现在的村址还是一片荒滩。

那年冬天，大雪纷飞，遍地银装素裹。这天，方礼站在仰卧山上，远远地看着茫茫荒滩，不禁心里暗想，要是能把那片荒滩改成良田，那该有多好啊。

突然，他发现了一个情况，在那白雪皑皑的荒滩之中，有一片地方竟然没有一点积雪，它的形状好像是一只航行在银色海洋里的大船，南端的那棵大樟树，粘满雪团，就像是鼓满了风的大帆。方礼越想越奇怪，突然他想到了这是一块"宝地"，于是马上回屋动员家人，冒着严寒，就去那块宝地上划出了界线，还搭了个草棚住了下来，这就是今天石阜村的村址。然后，就开启了他不愿做官重农劝耕的传奇人生。

三、方礼的历史贡献

首先是缔造了石阜方氏的不凡历史。可以想见，如果不是方礼的传奇经历，石阜方氏可能没有那么迅速地进入发展快车道，或许还需几代人以后才能形成兴旺发达的局面；或者如其他姓氏一样，在当地逐渐式微甚至消失。

其次是迁址拓展了石阜村的发展空间。在局促的仰卧山，是无法与现在开阔的大源溪古道相比的。并且自从迁址后，规划了村址，以狗头山为靠山，以大澳为东界，以长埂和隆阜山阻挡北风，积石成田垒石成阜，引大源溪水自流灌溉，造出千顷良田。

第三是重农劝耕恢复了当地的农耕经济。民以食为天，农业是农村和农民的命脉。面对元末明初土地抛荒的现实，方礼放弃舞文弄墨的雅好，而是编写《田家咏》《劝农歌》，鼓励大家开荒种植，对恢复当地农业生产，形成安乐太平景象，功不可没。

第四是以实际言行为子孙后代树立了标杆。无论是史书记载还是民间流传，方礼都是石阜方氏乃至整个下南乡的风云人物。他的辨识时务的开阔眼界、不拘小节的生活态度、勇于开拓的创新精神、安贫乐道的闲逸心态，都对后世产生积极影响。

一代名辅 "姚天官"

他从小被称为"神童"，在江西、浙江两地乡试中，都考第一名，被称为"一人两解元"。他是桐庐家喻户晓的一位古代官员，官居要职、位极人臣，被称为"三朝元老"。桐庐人都称他为"姚天官"。

桐庐山清水秀，人杰地灵，历史上出现过诸多杰出人物，构成厚重的历史人文底蕴。其中，明代"姚天官"姚夔（1414—1473）便是个传奇人物，从小被称为"神童"。姚夔24岁时，获乡试第一，入国子监；28岁时，获会试第一，登进士第。

姚夔像

考取进士后，姚夔官居要职，位极人臣，被称为"一代名辅""三朝元老"。

值得一提的是，此前在桐庐县城开元街曾有4座为姚夔而立的牌坊，分别是"解元坊""会元坊""大宗伯坊""冢宰坊"。

在古代，全国大考第一名称为状元，第二名榜眼，第三名探花。中状元称为"大魁天下",是古代读书人的最高荣誉。各级考试的第一称为"元",乡试(即全省考试,合格者为举人)第一称解元,会试(是举人在京城的全国考试)第一称会元,殿试(即由皇帝亲自主持的考试)第一称状元。按现在的说法叫"学霸""考神"。三次考试均为第一称"连中三元"。如此一来,"解元坊""会元坊"就可以理解了,就是为纪念姚夔在乡试、会试中考第一而建立的牌坊。

"大宗伯坊""冢宰坊"又指什么呢?明清时代,大宗伯也称礼部尚书,权力很大,相当于现在的宣传部、外交部、教育部、文化和旅游部的总和。

冢宰,也是古代的官名,《周礼》记载"冢宰为百官之长"。北周时期,建有六官府,置冢宰为"天官府"长官。这就是"姚天官"称呼的来历。到了明清,"天官府"被称为吏部。"天官"是管干部的官,相当于现在的组织部部长。这两座牌坊是为纪念姚夔担任礼部、吏部两部尚书而建立的。为一个人建立4座牌坊,桐庐历史上是绝无仅有。可见"姚天官"姚夔确实厉害。

桐庐民间流传着"姚天官"的一些故事,五六百年以来,人们口口相传,足见桐庐人民对姚夔情有独钟。其中流传最广的就是"一人独得两解元"的故事。

话说姚夔是桐庐有名的神童。有一年,他跟母亲在江西,正好遇到乡试之年。据说是通过亲眷买通主考官,在江西参加考试。因为姚夔才思敏捷,文章出众,考中了头名解元。此事被地方官得知后,提出质疑。主考官对姚夔说:"你如能回浙江再考个头名解元,我们江西也就点你头名解元。"

科举考试,各省乡试是同时进行的,这分明是主考官在为难姚夔,不承认他在江西的考试成绩。姚夔心想,"唉,你江西不录取也罢了。"他就离开江西,踏上了回浙江桐庐老家的路程。

这一天,船到中途碰上大风大雨,只得在一个偏僻的山湾里停泊避风。到了晚上,风停了,雨也止了。姚夔站在船头看夜色。突然,他听到山坳里传来"嘭!嘭!"的响声。姚夔仔细一看,有一幢白房子,房子里亮着灯光。他决定去看个究竟。

姚夔上了岸,走到白房子前一看,只见大门上贴着一副对联,上联是"谷黄米白粉如雪";下联是"火红炭黑烬成灰"。他推开门一看,原来这里是一爿水碓，五六只碓头正在"嘭"呀"嘭"地舂米。只见一个管水碓的老头靠在墙上打瞌冲，墙上也贴着一副对联：上联是"糠轻露面早"，下联是"米重见人迟。"姚夔没有打搅老头，离开水碓，回到船上睡觉去了。第二天早上起来一看，奇怪了，山上只见树木，根本没有昨天晚上见到的那幢白房子的水碓啊！

姚夔回到桐庐后，听说杭州的贡院（贡院，是古代各省选拔人才的考场，即开科取士的地方。最著名的有南京的"江南贡院"。）前些天被火烧了，经皇上恩准，考试延期举行。姚夔想这是天赐良机，就立马动身，坐船去杭州。

姚夔的船顺风顺水，当天就到了杭州，可他到贡院一看，考试即将开始。主考官问他："你因何现在才来？"姚夔脱口而出："糠轻露面早，米重见人迟啊！"主考官一听，这个考生好大的口气啊，就出了个上联要他对："谷黄米白粉如雪。"姚夔听了差点笑出声来，心想这不是现成的吗，就不假思索地对出了下联："火红炭黑烬成灰。"主考官听了很高兴，就准许姚夔进场考试。这一考便中了个头名解元。

姚夔和堂弟姚龙一起考上进士，一时成为美谈。之后，姚夔果然官越做越大，一直做到吏部尚书和礼部尚书，大家都称姚夔为"姚天官"。

桐庐古代当官最大的是俞赵的俞谏，官至从一品，村里曾经也立有牌坊。姚夔、俞谏是有名的清官，他们不畏权贵，刚正不阿，坚持原则，心里装着国家社稷，赢得了老百姓的口碑。

姚夔考取进士的第二年，授吏科给事中（官名，官阶不高，侍从皇帝左右，但地位是非常重要的）。这个官职在明代时从七品，是直接对皇帝负责，辅助皇帝处理奏章的官员，有向朝廷直接上奏的机会。姚夔上的第一道奏疏就是奏请英宗，原文是："修圣德，举贤才，考察有司，慎选御史台，宽诰敕限，革监库之弊，立谥法，以劝贤、选教官于当地。"大意是要像圣人一样修行德性，举荐任用德才兼备的贤达人才，要有人负责考察，慎重推选监察部门的主官。要放宽向下行文诰敕的限制，改革监库的弊端，创立评定谥号（谥号，帝王或大官死后给予的称号。如范仲淹谥号"文正"、周敦颐谥号"元公"）的法规，以鼓励贤达之人，成为当地人们的表率。这道奏疏击中了当时普遍存在的行政弊端的要害。

正统十四年（1449）八月，英宗在土木堡兵败被掳，京师震动，国事危急（英宗朱祁镇9岁登基，37岁驾崩，特别没有主见，错信王振，两次登基）。当时英宗之弟郕王监国，当皇帝的哥哥被俘虏了，弟弟代为管理国家。诸大臣议劝郕王即位，但郕王下不了决心。在这个关键时刻，姚夔果断地提出："朝廷任大臣，正为社稷计，何纷纷为？"姚夔与于谦等大臣到文华殿请郕王即帝位，安定了京师人心。这年十月，蒙古瓦剌部首领也先率领数万大军，挟英宗直逼帝京。姚夔立即呈上《战守方略》，在兵部尚书于谦的严密部署和指挥下，大败也先瓦剌军，京师保卫战取得了胜利。

众所周知，于谦是《石灰吟》诗作者，时任兵部尚书。明代兵部尚书相当于现在的军委副主席、国防部部长、总参谋长和总后勤部部长的总和。（文华殿，始建于明永乐十八年即1420年，与武英殿东西遥对，是皇太子的观政之处。到了清代为举行经筵的地方。）当时，姚夔还是给事中这样一个小官，景泰元年（1450），姚夔被任命为南京刑部右侍郎。

明代，六部设尚书和左右侍郎，左右侍郎相当于副部长，明代为正三品官。由于当时刑部规矩废弛，案件堆积如山。姚夔到任以后，"严肃规矩"，所有案件都得到了及时处置。没过多久，便"狱无滞囚"。

天顺元年（1457），英宗复辟，重登大位。有一个叫石亨的大将，他因帮助英宗重登帝位功劳最大而晋爵忠国公（明代的第一公爵封号），他的部下、亲友共四千余人得到提拔升官。石亨结党营私，气焰嚣张，功高盖主，不可一世，有时连皇帝都要看他的脸色。然而，姚夔不卑不亢，兀立不附。石亨有一个党羽，因贪赃被免职。石亨派亲信去嘱托时任吏部侍郎的姚夔为这个人恢复职务，并带去了已经拟好的复职稿让姚夔批复。姚夔把笔重重地砸在桌子上，说："我宁愿不当这个侍郎，亦绝不批准此稿。"由于姚夔的坚决抵制，石亨的阴谋没有得逞。后来石亨失势，依附石亨的人大多被降职的降职，被罢免的罢免。而姚夔的名声却更加响亮了。

天顺七年（1463），姚夔49岁时，迁任礼部尚书。两年后的成化初年（1465），姚夔发现新登位的宪宗皇帝喜欢巡游，疏于政务，大兴土木，劳民伤财，又过多地授人官爵。姚夔以君国大事为重，冒着忤逆皇上的风险，给宪宗上了一道密奏，规劝宪宗。成化五年（1469），姚夔55岁的时候，任吏部尚书，不久加太子少保。成化九年（1473）姚夔病重，卧床不起。那时他59岁。临终时，他对儿子姚璧说："吾受国厚恩，不克图报，死后勿按例请厚葬重祭，以重吾过。"姚夔60岁时去世，获赠少保（明代官名，从一品。是辅导太子的官职。），谥号"文敏"，归葬于原籍桐庐金牛山麓。

姚夔官拜礼部、吏部两部尚书，为英宗、代宗、宪宗三朝元老。姚夔一岁丧父，全凭母亲申屠妙玉抚养长大，并在荻浦娘舅及族人的资助下，教育成才。所以，姚夔对荻浦申屠家族有着非常特殊的感情。他不忘娘舅家和荻浦族人的资助，为报恩，出资重修香火厅，并遵照母亲的嘱咐，将香火厅改名为"保庆堂"。姚夔还亲自撰写了《保庆堂记》。

"姚天官"与荻浦的故事已经成为美丽乡村荻浦的美丽风景，被越来越多的游客所了解而传颂。"姚天官"的故事也随着美丽乡村全域旅游的兴起而名扬八方。

作为桐庐人文历史发展中的一位重要人物，姚夔位高权重、心中装着国家社稷，正身律己，官品和人品都是一流的，值得我们后人敬仰和学习。

生死见高义的俞元器

　　为国尽忠、为友尽义，却能弃自己家庭孩子于不顾，这是何等的男儿气概？在明代著名的土木堡事件中，就有一个人事前明知凶多吉少仍义无反顾地代人出征，在战斗中明知回天乏术仍跃马入阵杀敌，最终以身殉国。他就是被敬为"生死见高义"的"忠义俞元器"——桐庐人俞鉴。

　　俞鉴，字元器，桐庐县水滨乡珠山俞家（今属江南镇珠山村）人。俞鉴小时候就勤奋好学，崇尚节气。在他 8 岁时，听父亲读《出师表》，对诸葛武侯的慷慨义节钦佩不已。可以说从小就有远大志向。

　　正统七年（1442），俞鉴考中进士，授兵部职方司主事。兵部职方司，全称"职方清吏司"，是明清兵部四司之一。主要掌理各省之舆图（地图）、武职官之叙功、核过、赏罚、抚恤及军旅之检阅、考验等事，设郎中、员外郎各一人，主事二人。主事秩正六品，掌管章奏文移及缮写诸事，协助郎中处理该司各项事务。虽然品级不高，但职位很重要。到第二年，俞鉴奉命

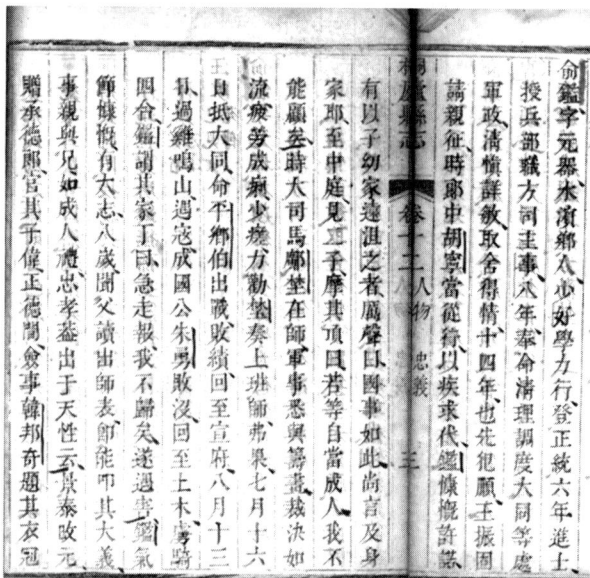

清理调度大同等处军政，各项事务处置缜密得当，取舍合乎情理，很得上司器重和同僚认可。

正统年间，朝廷宦官揽权，国事日非，而北方的瓦剌势力却日益强大。明正统十四年（1449）二月，拥有蒙古诸部军权的瓦剌太师也先遣使2000多人贡马，诈称3000人，向明朝中央邀赏。由于宦官王振不肯多给赏赐，按实际人数给赏，并减去马价的五分之四，没能满足他们的要求，就制造衅端，于这年七月，统率各部，分四路大举向内地骚扰。铁蹄深入宣化、大同府等地。英宗朱祁镇在宦官王振的煽动蛊惑与挟持下，决定御驾亲征。

当时兵部郎中淳安人胡宁胡永清是随驾当然人员之一，因为疾病，胡郎中恳求俞鉴："随皇上出征，是我分内事，但目前身有疾病，你能否代我随驾出征？"俞鉴本身就是协助郎中处理兵部职方司各项事务的主事，当然慷慨允诺说："你我都是一殿之臣，哪有不肯之理。"当时在朝官吏都知道，"这次皇上亲征，无取胜之道，随从之臣皆也自分一死而已"，所以就有同僚因为俞鉴孩子年幼、家乡又远，劝他不要远出，其实也是体恤他。而事实上俞鉴自己又何尝不知此行的危险和同僚的好意，但仍然义无反顾地说："国事如此，岂能顾及身家！"国家已经到了这步田地，我怎么能只顾自己的身家性命！真是字字铿锵、落地有声。回到家中，他抚摸着两个孩子的头顶说："尔等当自长成人，我不能顾也。"说完就与妻儿决然作别，命家人准备了行李和干粮，备好车马，直接赶到英宗驻跸处，随驾出征。

兵部尚书邝埜，一向来知道俞元器贤达干练，凡是军中所需的奏章、文书及其他机密重事，都与他商量，有的直接由他完成。在条件十分艰苦的情况下，俞鉴仍是满腔热情，不分昼夜地协助尚书处理军务，对每一件事都能应对如流、处理妥帖。俞鉴也清楚战争形势，曾力劝邝埜奏请班师，可惜英宗受王振蛊惑，就是不听。到七月十六日，英宗驾抵大同，命平乡伯陈怀出阵与敌接仗，结果一战失利，上下震惊，皇驾匆忙逃回宣府（今河北宣化）。这时候，众大臣又力劝英宗班师，而英宗却执意不肯回朝。由于一切军政事务都由王振专断，王振又夹带私心、组织不当，结果明军惨败。兵部尚书邝埜一再要求驰入居庸关，以保证安全，却被王振私自扣下不报。邝埜又到行殿前力请，王振竟怒斥说："迂腐的儒生，你怎么知道兵事，再敢妄言，必然让你人头落地!"邝埜回答说:"我为了国家社稷,死何所惧!"王振下令让卫兵将邝埜强拉出去。明军前往土木堡(今河北怀来县东)。土木堡地势高,挖井二丈仍然无水源;南边十五里处有河,却被瓦剌军占据,明朝将士饥渴难耐。瓦剌军队包围土木堡后,又遣使诈和,并主动撤离,以麻痹明军。王振下令移营就水,造成哄抢,瓦剌军趁机发动攻势。仓促应战的明军大败。见瓦剌骑兵从四面包围,俞鉴自知难以身免,就对家丁说:"你快回家禀报,我当以身殉国。"随即跃马入阵,大战敌军,终因寡不敌众,战死于土木堡。英宗也在这一战中被俘。

俞鉴为国尽忠,为友尽义,得到当时人的普遍敬仰。礼部尚书姚夔就特地写了一篇《书俞元器忠义记》,赞扬他:"临难弗避,竭力捍难,可谓诚于事君也;忘危守信,利害弗较,可谓诚于交友也。诚于事君,非忠而何?诚于交友,非义而何?忠与义,固元器之所素学、素存、素行,非矫揉于一时者。故谓事君致其身,生死见高义,如吾元器真可于古人中求之。"

景泰元年(1450),朝廷以承德郎的官职封赏俞鉴的儿子,以示抚恤嘉奖。正德年间,金事韩邦奇题其衣冠冢:"惟公事不避难,勇于死义;为臣以忠,卓哉无愧。"而在俞鉴的家乡江南镇珠山,则一直流传着俞元器的忠义故事。

大明砥柱俞谏

俞谏（？—1524），桐庐孝泉乡（今富春江镇俞赵）人。他为官二十余年，从七品知县做起，为官清正，誉为"东藩第一令"；南剿北抚，为大明立下汗马功劳；不畏权势，砥柱大明于将倾，最后跃居从一品，成了桐庐历史上品秩最高的官。

苦读太湖塘

天顺八年（1464），俞谏的父亲俞荩高中进士。因为读书而走上仕途的俞荩回到故里，首先想到的是要建一座书院，让子孙把"耕读"之风传下去。书院建在哪呢？他想到了村后的湖塘山。那里不仅清静秀丽，还有"泛舟天际之象"。

一天，俞荩上山察看书院施工进展，随同的俞谏却走进工棚关心起匠艺们的吃住。时值正午，一个工匠为了改善生活，从太湖塘里捞来螺蛳打打牙祭，屁股都剪好了，正准备下锅。俞谏见螺蛳把头拱出，憨态可掬却令人生怜，便有了恻隐之心，劝道："螺蛳虽小，也是生灵，你这般剪了屁股，又到锅里爆炒，于心何忍？"工匠听了他的话，将螺蛳交给俞谏。俞谏手捧螺蛳，把他们放回太湖塘里。这些剪了屁股的小家伙仿佛得了神助，爬在水草上晃悠得有滋有味。从那以后，太湖塘里的螺蛳全变成没有屁股的了。此事让书院旁边寺庙里的高僧知道后，大加赞赏，说："善有善报！"

俞谏自幼聪颖，刻苦好学。太湖书院建成后，为心无旁骛地博览群书，他让父亲撤掉书院楼梯，一个人吃住在书院楼上。三年中，他没有下过一次楼，更不知楼外春去秋来。蓬头垢面的他，每天就着母亲熬制的酱下饭，枕着经史而眠。明弘治三年（1490）俞谏修成正果，高中进士。

才兼文武的"东藩第一令"

俞谏为官的第一站在山东长清。作为知县，他不避艰险，刚毅敢为，颇有政声，吏部考评，誉为"东藩第一令"。不久提拔为南京监察御史，奉命整治四川军务，上级对他的评价是"严明不苛，尽除积弊"。后改为河南按察使司佥事，逮捕严嵩的同党吕梅。之后历任江西布政使司参议，平定大帽山民变。再升广东按察使司副使，途中召为大理寺少卿。正德六年（1511），升为右佥都御史，治理苏州、杭州等地水患。当时白茅港（今常熟市东白茅口）淤塞严重，大家建议组织疏浚。俞谏实地勘察后指出，白茅港近海，沙随潮水上下涌动，即疏即淤，劳民伤财。于是，他从实际出发，在苏杭修筑圩塘，为百姓带来福祉。之后进右副都御史，提督操江。

正德八年，王浩八在江西姚源洞率众民变，武宗任命俞谏替代陈金监督指挥江西、浙江、福建各路军，讨伐王浩八。王浩八被同知伍文定打败逃亡江西德兴后，又收复余党，占山为王。俞谏于是下令占领各地要害，亲自指挥讨伐军雨夜进攻，生擒王浩八。剩下散兵游勇继续叛乱，俞谏随后再次率兵平乱。平乱后，俞谏兼任江西巡抚，次年出击临川民变，后升右都御史。《万年县志》记载，江西平乱后，是俞谏奏请朝廷，设立东乡、万年二县，分治地方，抚安人民，得到了朝廷认同。

俞谏任上，正值皇帝昏聩、宦官擅权。朝政一日不如一日，天下流民四起造反，俞谏站在尊王忠君的立场上，南征北战，《两浙名贤录》称："俞谏博古通今，才兼文武，虽古代之名将良相，亦不能超出其右。"

"金銮殿"风波

俞谏后因三次上疏弹劾宁王朱宸濠，而得罪了皇亲国戚。宁王便唆使御史诬告俞谏，逼使其辞官告归。辞官后，俞谏回到老家俞赵。他兴办义学，新建宗祠，过着半耕半隐的生活。在这期间，宁王等并没有放弃对俞谏的诬陷。宗祠破土动工不久，兰溪的一个官员向皇上举报，说俞谏胆大妄为，竟然在老家建造金銮殿。私造金銮殿，那就是图谋不轨。正德皇帝为查清事实暗派官员到俞赵调查真相，幸好有一太监提前把此消息密告俞谏。俞谏知道欲加之罪，何患无辞。事关重大，他亲自察看了建设中的宗祠，发觉宗祠建得是大了点，马上让族人缩减规模，多余用地一夜之间播种荞麦，等调查官员坐船到俞赵时已是一片绿油油的麦苗。由于查无实据，俞谏躲过了一劫。

俞母是个贤惠之人。儿子当的什么官，又为什么辞官，她一概不过问。先前，儿子回家省亲，门前车水马龙。俞谏这一次闲居在家，五年里已是"门前车马稀"了。一天，止车门前突然有一官员长跪不起。事情报给俞谏。俞谏觉得自己已是平头百姓，那人也不知道为谁下跪，便不去管他。三天后，那官员还在跪着，俞母发话了，去看看怎么回事？俞谏走到止车门一看，原来跪着的竟然是前些年诬告他的那位兰溪官员。那官员一见俞谏，又是磕头又是求饶。俞谏不明就里，出于礼节，还是客客气气地请他起来。

原来，正德十四年（1519）六月，宁王朱宸濠假称奉太后密旨，起兵入朝监国，公开叛乱。朝廷派遣王守仁督军讨平。正德十六年武宗病逝。世宗登位，卜旨让已归乡五年的俞谏官复原位，总督漕运兼巡抚淮、扬。《文徵明传》里还有一个俞谏与文徵明惺惺相惜的故事：文徵明的祖父和父亲去世较早，没有给他留下什么资产。早年，文徵明便生活比较清苦。俞谏得知他很有才学，家境不够宽裕，很想帮帮。俞谏问他："你早晚有什么困难吗？"文徵明说："我早晚都有粥吃"。俞谏又指着他的衣服问："怎么破成这个样子？"答曰："这是暂时淋了雨的缘故。"俞谏深知他不肯随便受惠，一直难以启口，只好另想办法给他接济。

在总督漕运兼巡抚淮、扬期间，俞谏尽心尽责，兴水利，上下称便。嘉靖三年（1524）俞谏死于任上，谥庄襄，赠太子太保。

知府孙敏以贡授开州判官会孙明相任廉州府经

历皆克世其家焉。 校万历府志改
从祀乡贤

俞谏字良佐孝泉乡人少颖异气宇宏敞幼学于杨遂

庵之门登弘治年进士授长清知县寻擢南京监察

御史奉勅清戎四川正德改元擢河南佥事会嵩县

巨寇吕梅等聚啸率兵讨之悉平是冬丁内艰服阕

改授山西寻擢江西佥议时大帽山贼哨聚信丰安

远公设计擒之墬广东副使未任推擢大理右卿已

而转左会三吴岁苦水患勅以右佥都御史总督蓣

松水利众议方急开白茅港公谓港近海沙随潮上

下徒劳民力上疏罢之时刘七等流害江淮间奉勅

《桐庐县志》载俞谏事迹

"梅月主人"李康

李康（？—1358），清光绪十七年《凤冈李氏宗谱》作李元康，字宁之，号"梅月主人"，同时期的文士多以"梅月处士"相称。所谓"处士"是指有才德而隐居不仕之人，李康"梅月处士"的称号，已然表达了他与众不同的处世方式，他的归隐不仅高标自立，而且孤傲超群，是元末翔岗李氏隐逸群中的代表人物。

李康像

一、割股疗母病

百善孝为先，在中国传统文化的理念中"孝"一直是摆在首要位置，因此有了"孝感动天、戏彩娱亲、闻雷泣墓、哭竹生笋"等"二十四孝"的道德故事。以孝行而论，李康的"割股奉亲"之举丝毫不逊于"二十四孝"中的任何一个故事。

古人的孝义之举，由于受到时代认识的局限，往往有着另类的行为。对于李康的孝行，清光绪十七年《凤冈李氏宗谱》人物行状只记载了一句话：

"年十三，割股肉以疗母病，人称李孝子。"一句话却记载了一个动人心魄的孝义之举——"割股奉亲"。面对母亲的病情，年仅十三岁的李康，不知从何处听来的"偏方"：自己大腿上的肉可以治疗母亲的病。于是他学着古代孝子的做法，鼓足勇气，硬是从自己大腿上割了一块肉给母亲当药引子吃，这需要多大的勇气和决心！很难想象这是一个十三岁孩子的行为。李康这种孝义之举，今天看来有点不可思议，但在当时的社会观念看来却是一件崇高的善行，李康因此被人们称为"李孝子"。李康"割股奉亲"的做法虽然不值得仿效，但他那对母亲的至孝之举却成了翙岗村的千古美谈。

二、弃举邀梅月

李康自幼敏悟，闿爽不群，青年时代曾跟随胡长孺先生游学。胡长孺（1240—1314），字汲仲，号石塘，为人特立独行，刚介有守，所著有《瓦缶编》《南昌集》《宁海漫抄》《颜乐斋稿》等，是宋元之际永康名儒。名师出高徒，李康跟胡长孺学习后，进步很快，工于诗文，博及琴弈书画，并且立下了匡济天下的志向。

李康自许有匡济之才，这是对自我才华的高度自信。然而时政失序，元朝政权的黑暗统治，彻底断绝了李康的仕途之念，他放弃了科举，并以古学自鸣于当时。古学是研究古文经、古文字之学。李康在古学上取得了较高的成就，著有《杜诗补遗》《梅月斋永言》《看山清暇集》等文集，尤其是《杜诗补遗》，是对唐代诗圣杜甫诗歌的校订考究之作，体现了李康在古文研究上的精深造诣。此外，李康在绘画上也有成就不凡，他擅长山水和人物画，有《抚琴图》传世，所绘《伏羲图》被收入《晋唐五代宋元明清名家名画集》，原作今藏北京故宫博物院。

李康雅号清高，尤其喜欢梅花。梅花是清高孤傲的象征，北宋处士林逋（967—1028）"疏影横斜水清浅，暗香浮动月黄昏"就是对梅花精神最好的描写。也许是受到林逋处世的影响，李康在居所周围遍植梅花，同时还修建了看山楼、溪园亭等建筑。李康又根据南唐李庭圭《藏墨诀》中"临风度梅月"句，把书斋命名为"梅月斋"，他的"梅月主人"之号便是由此而来。

在悠然自得的隐逸环境中，李康醉心于古学，四方名士争相慕名来游。高阳许瑗，桐庐徐舫以及族叔李骥、兄弟李恭等都与李康诗歌酬答。元至正元年（1341），仕途失意的刘基来到翙岗寓居，与李康结为知己，留下了《题梅月斋宁之先生读书处》《留别李君宁之》等诗歌佳作。刘基在《题梅月斋宁之先生读书处》诗中称赞李康："梅清月清人更清"，对李康以梅月为知己的高尚情操十分敬仰。又在《留别李君宁之》诗中说："人生有心无远近，频将书札报平安"，表达了与李康交游的深厚友情。

李康《伏羲图》

李康高名不胫而走，然而他始终坚持处士志向。李康拒绝元朝的聘任，是因为他深刻认识到了时政的黑暗，元朝虽然推行举荐政策，但是汉族知识分子始终处于弱势阶层，举荐汉人的目的，不过是缓解阶级矛盾而已。因举荐而官至一品的元代文坛领袖赵孟頫，也不过是个文化清官，在政治上并无多大作为。即便是授了一官半职，也免不了受到蒙古贵族的排挤打压，刘基丢官的到来，就是一个很好的例证。何况李康向以匡济自许，梅花一样孤傲的品格，促使他屡次拒绝元朝政府的聘请。

三、星落怆四方

天妒英才，地失文杰。元至正十八年（1358）李康去世。据说他的离世是因为母亲去世，哀痛过度，染病而卒。

李康坚隐不仕的高蹈之风，使他成了翔岗李氏隐逸群的代表人物。他的逝世引起了当时文化界一场不小的震动，四方文士都赶来祭奠吊唁，高阳许瑗（？—1360）、青田刘基（1311—1375），甚至不远百里亲临其丧，许瑗在《哭宁之先生》诗中写道：

> 交心同骨肉，握手出肝肠。
>
> 未及愈旬别，遽为隔世看。
>
> 雨摧书带老，风送墨花寒。
>
> 才杰嗟凋落，遗芳在两难。

诗歌表达了许瑗与李康肝胆相照的兄弟之情，对李康才杰凋落无比痛惜，情真意切，痛贯心肝！许瑗后来追随朱元璋，以身殉国，成就了一番功业。刘基是李康生前好友，李康去世时，他又受到元朝权贵的排挤，正在处州弃官闲居，听闻噩耗，悲痛万分，作了一篇诔文，哀哀之情，哽咽动人，文曰：

> 季叶浩浩，浇风薄淳。
>
> 先生括囊，超世轶群。
>
> 四海草昧，蹈迹山林。
>
> 接舆肆狂，孤竹求仁。
>
> 介推山死，龚胜兰焚。
>
> 猗欤先生，异乎斯人。
>
> 俯仰世道，从容屈伸。
>
> 清溪悠悠，白石磷磷。
>
> 遗风是仰，千古不泯。

此外，名士徐舫、陈善都作了《挽梅月处士》挽诗。徐舫在挽诗中写道："十年成梦寐，双泪转悲哀"；陈善在挽诗中写道："梅窗月夜琴书冷，桃岭春风杖履闲"，对李康的逝世表示沉痛哀悼。

斯人已去，高风长存。李康以一介狷介之士，守操于乱世，持节于田园，体现了一位元代汉族儒士的高尚气节，他的孝义之举和处世风骨已成为桐江文化的宝贵财富。

李康《抚琴图》

晚清名臣袁昶

大凡乱世必有祸国殃民之奸臣，也必有敢于冒死直谏的忠良，遇庸溃无能的昏君则是天下黎民的不幸，遇刚愎专断的暴君则是天下忠臣的悲哀。以李唐韩愈夫子之耿介，冒死阻谏迎佛骨之入朝，换来的是"一封朝奏九重天，夕贬潮阳路八千"的慨叹；以殷商比干的忠贞，正色立朝直谏纣王暴戾之过失，得到的却是"挖心剖肝"的下场。于是，理想的忠良们便一直羡慕着遇上唐太宗这样从谏如流的明君，也羡慕着自己能像魏征一样成为千古标榜的楷模，再于是，一场又一场忠与奸的对决，混合着滚

袁昶像

烫的鲜血与炽热的眼泪，前赴后继地在中国历史舞台上演绎着一场又一场的悲剧……

袁昶的死，便成了中国两千年封建王朝最后几抹闪亮的微云。光绪二十六年（1900）七月初二，一队刽子手穷凶极恶地押解着两位当朝大员太常寺卿袁昶、吏部侍郎许景澄来到北京菜市口刑场行刑，之前并未进行任何审讯，而是直接将袁、许两位从家中骗出，径直投入大牢，直至行刑不过两天之期。

执行监斩的是大学士徐桐的儿子刑部左侍郎徐承煜，他狐假虎威，要剥下他两人的官服，袁昶愤怒责问："你有什么资格来褫夺我的功名？"许景澄也怒目责问："皇上并没有下诏罢官，我们是皇上钦点的进士，你算什么东西？"两人横眉怒目警告徐承煜："你们宠信邪术，滥杀公使，到时候你们的下场必定比我们惨。不信，来日我们见证于地下。"说着两人从容就义。是年袁昶五十四岁，许景澄五十五岁。翌日，支持袁、许二公的兵部尚书徐用仪因为殡葬了袁、许二公，举家被杀。史载：三公被杀，举国称冤。

时间仅隔二十来天，又一队刽子手气势汹汹地押解着另一位大员赴菜市口行刑，这一次要处斩的却是原监斩袁、许二公的刑部左侍郎徐承煜，先前监斩他人，这一次却被他人监斩，这个诱父自尽企图开脱自己罪责的无耻小人最终得到了应有的下场。事情真的像袁昶、许景澄二公说的那样发生了180度的大转弯。紧接着一大批当朝权臣或褫职，或斩首，其中清宗室辅国将军载澜与端郡王载漪并谪新疆禁锢；庄亲王载勋赐自尽，刑部尚书赵舒翘、军机大臣刚毅、礼部尚书启秀、大学士徐桐、户部侍郎英年、山东巡抚毓贤等并处斩。

究其原因是慈禧太后听信载澜、载漪、赵舒翘等权臣鼓动，欲借用义和团力量对付列强各国，错误判断敌我形势与力量对比，贸然与列强十一国宣战。结果在义和团高涨的爱国热情和盲目偏激的对外措施下，无数外国教民被杀，在京各国使馆遭到拳民围攻。过激的运动激起列强各国的仇视，于是八国联军悍然进军北京，再次使清朝造成无法挽回的惨败。义和团却自称是天兵天将下凡，有神功护体，刀枪不入，大搞拜坛请神，烧纸画符等迷信活动，一方面不断发展教众，一方面不断打击洋人，至1900年义和团已经迅速遍布山东、河北、直隶等北部七省，同年6月，进京教众已逾十余万，蓬勃开展爱国运动的同时也严重破坏了京畿社会的安定。袁昶、许景澄认为义和团"非有枪炮之坚利，战阵之训练，徒以'扶清灭洋'四字，号召不逞之徒，乌合肇事"只会把时局搞得更糟，指出"邪术不可信，拳民不可恃，公使不可杀。"义和团运动导致列强入侵，"必酿成千古之奇灾"，更是痛斥徐桐、刚毅、启秀、赵舒翘、裕禄、毓贤、董福祥等权臣轻信误国，盲目估计形势，相信义和团"刀枪不入，神功护体"的谎言，纵容扶持义和团大搞排外活动，滥杀公使，屠戮无辜，激化中国与各国的关系，指出："今朝廷方与各国讲信修睦，忽创'灭洋'之说，是为横挑边衅，以天下为戏。"一旦"洋兵节节内逼，曾无拳匪能以邪术阻令前进，诚恐旬月之间，势将直扑京师。万一九庙震惊，兆民涂炭，尔时作何景象。"（《严劾大臣崇信邪术请旨惩办疏》—许景澄、袁昶奏章）。强烈要求惩办祖护拳匪的肇事大臣。后来的史实证明，袁、许二公早有先见之明，积弱积贫的大清帝国根本不是列强各国的对手，泱泱大清帝国百万之师竟然抵挡不住一支3万人

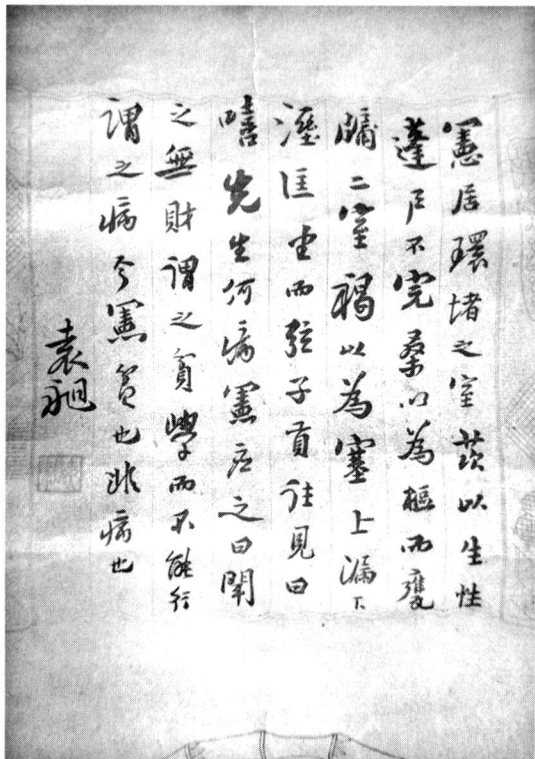

袁昶信札

的八国联军，北京城破，慈禧西逃，圆明园再焚，割地赔款等一系列不平等的条款使泱泱中华完全沦陷为半封建半殖民地社会，人民大众处在水深火热之中。令人拍案的是，八国联军进犯北京之际，天津炮台失守，端郡王载漪等权臣竟然欺上瞒下谎称克敌奏捷，袁昶闻讯愤不可遏，又与吏部侍郎许景澄伏阙上疏泣奏实情，请求速杀祸首，以挽大局。然而"忠言逆耳"，在慈禧及她偏祖的权臣载澜、载漪、徐桐、刚毅、赵舒翘等人看来，袁昶、许景澄等人，竟敢上书进谗迫害"忠良"，真是罪不容诛，于是不等慈禧下令，先行诱杀。事后，昏昏然的慈禧太后竟然定罪为："许、袁二人其罪在声名恶劣，平日输洋务，各存私心。每遇召见时，任意妄奏，莠言乱政，且语多离间，有不忍言者，实属大不敬。许景澄、袁昶，均著即正法，以昭炯戒。兵部尚书徐用仪，屡次被人参奏，声名恶劣，办理洋务贻患甚深"云云。

自古诛大臣必动国本，"庚子之乱"八国强烈要求清廷惩办肇事战犯，结果愚昧激进的义和团运动遭到血腥镇压，盲目冒失的徐桐、赵舒翘等权臣遭到"以死谢罪"的结局，腐朽无能的大清帝国摇摇欲坠，覆灭已是指日可待。袁昶、许景澄、徐用仪等冤死的忠良最终得到平反昭雪，同年十二月，光绪帝下诏为袁昶等人平反。宣统元年（1909）下诏，追赠袁昶忠节公谥号，并在杭州西湖孤山南麓敕建三忠祠，奉祀袁昶、许景澄、许用仪三人，今在其仕宦地芜湖有袁太常祠、松江有袁昶故居供后人凭吊纪念。

袁昶题岩桥王氏宗祠"三槐堂"匾

袁昶（1846—1900），原名振蟾，一字爽秋，号重黎，一号渐西村人，桐庐坊郭（今桐庐街道）人，光绪二年（1876）进士，授户部主事，充总理各国事务衙门章京、太常寺卿（官衔正二品）等职。袁昶虽然匆匆走完了他54年短暂的人生，却留下了一身浩然正气和一腔悲愤的爱国激情，也为家乡桐庐留下了千古美谈，永远值得家乡人民传颂和骄傲。袁昶的一生虽然短暂，但是他在文学艺术上却卓有建树，袁昶的书法隽永，师法钟繇、王羲之，秀媚入古，今桐君街道岩桥村王氏宗祠尚存其手书"三槐堂"横匾一块，字大如斗，刚劲有力，一如其人（惜"文革"中被人作床板截去了落款，现款为后人所补）。袁昶的手札、屏条，字体大小参差，极尽变化只能事，脱尽馆阁体旧窠,历年来多次在各展拍会上拍卖,是藏家争相收藏的对象,惜传世数量较少。于诗歌,袁昶又是"同光体"的代表人物,他的诗充满着强烈的爱国激情与消极遁世的矛盾痛苦,是著名的爱国诗人。袁昶的一生著述甚丰,主要有《渐西村人初集》13卷,《安般簃诗续钞》10卷,《春闱杂咏》1卷,《水明楼集》1卷,《于湖小集》7卷,《参军蛮语止斋杂著》若干卷。另外袁昶还将农桑、兵、医、舆地、治术、掌故等书编成一部《渐西村舍丛刻》。兹录一首袁昶的七律《桐君山孤屿》,以兹怀念:

危峰崒起削青成,似有群仙抗手迎。

日出常疑塔光现,云来时挟溪声行。

窗中一水浮衣带,洞里三生访石枰。

我欲山中听斋鼓,安心未肯学屠鲸。

走进臧槐的诗歌世界

臧槐（1867—1930），字晋三，百江麂坞（今桐庐百江镇联盟村）人。麂坞臧家是个大家庭，虽然家中不算富裕，但族中有着良好的读书氛围。从应童子试到县学读书，臧槐和我国古代所有读书人一样，希望通过考取功名走上仕途。然而，科场只拿了个恩贡，无奈悻悻而归；官场倒是有个说法——直隶州州判，不过是个候选。

他一生写下了 3400 多首古今体诗歌，自选其中 1590 余首分为四卷，定名为《绿阴山房诗稿》。民国时期又有《瘦草吟》《留影诗》各一卷。

臧槐像

最初知道桐庐有臧槐这么个诗人的，是在编写《人文百江》的时候。那是 2005 年，当时主政百江的徐志奎同志让我牵头挖掘一下百江文化，编纂一本反映百江人文底蕴的书籍。在寻找史料的过程中我发现，在清末民初、在远离尘嚣的山沟沟里居然还隐逸着一位人们不甚熟知的诗人。他一生写下了 3400 多首古今体诗歌。

《瘦草吟》和《留影诗》已在历史的长河中不知所踪。幸运的是，《绿阴山房诗稿》带着几分传奇，留了下来。1967 年春节期间，分水的唐宝锦老师外出探亲访友，路过桐庐造纸厂，就进去看望在这里上班的学生。他与学生没说上几句话，目光就被空地上两大堆旧书籍牢牢吸引住了。学生告诉他，这些旧书籍都是作为"封资修"从各地搜缴上来的，集中送到这里进行打浆处理。作为中学语文老师的唐宝锦，下意识地走到书堆边，随手在脚边捡起一本题为《绿阴山房诗稿》（以下简称《诗稿》）的线装书翻看起来，只见里面都是诗歌，歌咏的大多是分水的人文景物，作者署名是"臧槐"。

当时，唐老师并不知道臧槐是何许人，但凭直觉就知道这是一部非常珍贵的书籍。想到一旦放入池中打浆，这些心血凝成的诗文将永远消失，他不由"啧啧"出声："可惜呀！可惜！"学生看出了老师的心思，他悄悄附在老师耳边说："您要是真觉得这是好书，就带走吧，没人知道！"

听学生这样说，他不由一阵欢喜：要是能让这部书稿"幸免于难"当然太好了。事到如今，他顾不得许多了，决心冒险"救"这部《诗稿》。根据《序》中介绍，在旧书堆中翻了好几个小时，终于把《诗稿》的另外三本找到了！在学生的"掩护"下，唐老师把这套诗书带回到了家中。为了保护这套旧诗书，他用旧报纸和樟脑丸将书细细包好，藏在了米缸里，多年后他又将书"转移"到了箱底下……

在编写《人文百江·古诗遗存》时，我们从唐老师那里借来《诗稿》，复印了几套。我粗略地通读了《诗稿》，从中遴选了十余首诗作编入《人文百江》。

他的《诗稿》以创作时间为序编纂，因此，生平事迹基本有据可查。《学堂自笑》一诗把他前半生写得明明白白：

九岁进学堂，读书年可按。
十二四书终，十六五经半。
十三习文章，十五晓词翰。
十九秋观场，二十春游泮。
廿一称饩生，廿三开师馆。
始焉坐家园，继乃出里闬。
从此暑复寒，不辨昏与旦。

其间，有位叫刘贻械的分水县县长见他才华横溢，不参加科考实在太可惜了，于是写信鼓励他继续前往"秋试"，臧槐回复道："韶华容易又秋风，读到公笺脸欲红。日试万言愁倚马，名邀一榜愧雕虫"（《明府劝赴秋试赋此以呈》）。他选择了"归园田居"，或在梅雪山下、屏山楼里，或在罗溪凤波、诸睦馆中，教书育人，甘为"五斗米"折腰，悠然自得，一直到去世。我们可以从下面的诗中可以读出他的心境：

雨余村似辋川图，小坐山窗酒一壶。（《屏山积雨》）

莫以门庭小，而忘景物长。（《自题屏山楼》）

学生傍晚放归家，澹澹斜阳照碧纱。（《夏日偶书》）

结庐住村僻，山水送清音。（《僻居》）

臧槐诗作的闻名，不得不从1896那年的科考说起。光绪二十二年，为迎接朝廷丁酉科考，严州府在梅城组织六睦（当时的桐庐、分水、建德、寿昌、淳安、遂安县）士子考试，以推荐参加乡试的士子生员。这次考试的结果，以臧承宣（字益香）之文（章）、陈本忠之字（书法）、何松坡之兰（画）、臧槐（字晋三）之诗脱颖而出。这四大才子均为当时分水县人，于是有"益香文章本忠字，松坡兰花晋三诗"的溢美之词一直流传至今。

纵观《诗稿》中的诗作，大体可以分为三类。

一是田园诗。诗人除了赴州府参加科考，一生几乎没有离开过分水。因而，他的绝大部分诗作都是描摹家乡山水风光、风土人情的。如《凤坡》《松村》《蒲村》《茆山小憩》《柳山庵》《瓦窑坪》《游玉瑞寺》《分水坞中》《毕浦夜泊》等，怀着对故土的热爱，诗中的田园生活自然恬静、自然淳朴：

昼静犬闲卧，春深鸟乱啼。（《西村》）

牧童还解事，邀我咏而归。（《晚登卧龙桥即兴》）

几家犬立柴门外，为见客来吠数声。（《胥岭夜行》）

在臧槐的田园诗中，生活气息十分浓郁。"踏雪访山樵，沙沙路一条。夜深人睡着，月上老松梢"（《雪夜访村樵不值》）。"忽于廿七黄昏时，洪水横流何太促。地裂山崩田变溪，犬吠豕嚎鸡升屋"（《蛟水行》）。"一亩皇粮五百钱，熟年容易怕荒年"（《田家苦词》）。

二是酬赠诗。在臧槐的生活中，使之酬赠的主要是臧承宣、陈本忠、张曰珹、傅韵卿等一批同窗好友；胡心香、蒲蓉镜等几位蒙师业师；张玉阶、章紫宸、章炳如等一些"学生家长"。臧槐自幼聪颖，与堂哥承宣一起上学，感情深厚。臧槐名落孙山，但当得知家兄"拔贡"上榜后，并不嫉妒，还写诗表示祝贺："得意严陵二月春，灯花灿烂榜花新。六罗报捷君恭喜，十二年来第一人"（《贺桐江家益香拔贡兼送北上四首之一》）。

三是咏史诗。设馆课徒之余，臧槐"为恐蹉跎误岁华"，总是"读书日日坐窗纱"（《春去》）。读着读着，阮籍、嵇康，这些个历史人物，在诗人心中觉得可褒可贬。西晋石崇在做荆州刺史时，以劫掠客商成为巨富，并以珍珠十斛得到了美女绿珠。为讨好美人，还在河南金谷涧建设别馆，用珍珠、玛瑙、琥珀、犀角、象牙装饰豪宅，以慰绿珠的思乡之愁。诗人对此十分不屑，写道："金谷朝朝别墅开，绿珠何苦堕楼台。蜡薪锦帐珊瑚树，都是荆州作盗来。"

咏史亦是咏怀。诗人在咏史的过程中抒发自己的思想、情怀和志向。诗中也蕴含了诗人理想与现实、入世与出世相互矛盾的内心世界。

走近臧槐，可以进一步了解古代知识分子的精神追求。走进臧槐的诗歌世界，能够让我们体会诗人蕴含其中的物我两谐、荣辱偕忘的隐逸生活。

"金母泰斗"胡家芝

胡家芝

1897年，胡家芝出生于桐庐县城的一个大家族，是个书香门第。胡家芝迷恋上剪纸，是在七八岁时候。那时候，桐庐县城流行做"芦茨戏"，戏里鲜活的人物吸引了幼小的胡家芝，回家后她就拿起笔，凭着记忆把戏中人物画在纸上，再用剪刀把人物剪出来。

"芦茨戏"是桐庐县城举行的社戏，也被称作庙会、集市。"一代宗师"叶浅予在回忆录中写道，每年农历五月，要用船把"芦茨菩萨""请"到县城"看"戏，俗称做"芦茨戏"。这个"芦茨菩萨"可不是迷信，而是有真人真事的，说的是隋朝大司徒陈呆仁，民间称"芦茨菩萨"为陈老相公，因他讨伐叛逆有功德于民，后人筑庙祭祀。"芦茨戏"要演一个月，戏中的人物角色深深吸引了胡家芝，成为她学习剪纸的动力和主要素材来源。

16岁那年，胡家芝毕业于桐庐第一女子学校。在那里，她不仅学业优异，而且得到了一位来自杭州的手工老师的指点。从此，她的剪纸作品除了具有民间传统，更具有文化内涵。20岁的时候，她出嫁到离县城30里的珠山村。在珠山生活的36年里，胡家芝剪出了无数精美的"喜花""灯花"和"礼花"，成为远近闻名的剪纸能手，乡亲们亲切地称她是"福星"。1952年，她随大儿子袁振藻迁居南京。

一个从事剪纸艺术一百年的艺术家，创作的优秀作品不计其数。1955年，苏联教育代表团到南京参观访问，胡家芝的剪纸作品《中苏友好，和平万岁》被作为"国礼"赠送给苏联朋友。

20世纪80年代，老人的剪纸艺术达到了新的高度，创作出《万象更新》《美满人间》《鸳鸯戏荷》等一批精品，这些精品体现出"篇幅宏大、内容多样、内涵丰富"的独特风格。老人常常运用多种吉祥语言，通过谐音、寓意、象征等表现手法，创作出既主题突出、又内涵丰富的作品。这一时期，反映老人艺术成就的图书《胡家芝喜花剪纸集》出版，电视片《胡家芝剪纸艺术》也成功拍摄、播映。

深厚的家学修养，新式的学校教育，加上长期的农村生活经历，使老人的剪纸作品既蕴涵着丰富的文化气息、审美意象，又继承了江南"喜花"吉祥如意、祈福迎祥的悠久传统，形成了玲珑剔透、俊秀优美的剪纸风格。南京大学民俗艺术研究室主任陈竟教授评价说："胡家芝老人的剪纸艺术，融合了中国的文人艺术和民俗艺术，真正做到了雅俗共赏。"

胡家芝是著名美术教育家、"一代宗师"叶浅予的表姐，叶老选择从事绘画事业，和这位表姐对他的影响也是有关系的。

叶浅予在他的《细叙沧桑记流年》中提到过，自己投身绘画事业受大表姐的影响不小。而对"桐庐味道"的念念不忘，成了他们姐弟俩晚年的共同记忆。叶浅予书中一篇《十六回切》的文章记录了他跟大表姐胡家芝在南京回忆家乡"十六回切"宴席菜单的事。

如果没有胡家芝、叶浅予的共同回忆和诗书画等的记载，那么，桐庐的省级非遗"十六回切"宴席就无法得以重现。"胃"的记忆是最靠谱的。晚年时期，胡家芝、叶浅予两位伟大的艺术家最忘不了的还是桐庐的美食。这就是他们对家乡的深深眷恋，也是对故乡桐庐挥之不去的浓浓乡愁。

桐庐剪纸历史可以追溯到唐宋，有着一千多年的历史。据乾隆年间《桐庐县志》"桐江风俗"中记载"嫁娶之日，行亲迎礼，用新轿花灯，鼓吹前号"，"以纸糊各种龙灯及竹马极工巧"。灯花是举办大型活动时常用的，迎亲的花轿、龙灯竹马上都会剪贴喜花、礼花等等图案。这些在明清时期的桐庐十分盛行。

桐庐剪纸的艺术特色可以概括为：内容丰富，形式新颖，凝练概括，厚中见秀，玲珑剔透，含蓄华丽。技法上构图巧妙，线条流畅，形象生动，形式活泼。中国著名的美术史论家王伯敏先生晚年选择寓居桐庐，也是被富春江山水所吸引，并在桐庐编写了《中国民间剪纸史》这部鸿篇巨制。2004年，桐庐被授予"中国民间艺术（剪纸）之乡"，2014年，桐庐剪纸被列入国家级非物质文化遗产名录。

正是因为桐庐有了胡家芝这样一代伟大的剪纸艺术家，桐庐剪纸不仅在县内兴起，还通过举办"神州风韵"全国剪纸大赛，桐庐剪纸走出了国门。

从2004起，桐庐已经举办了六届"神州风韵"全国剪纸大赛，涌现出了一批本土的剪纸能手。老一辈的剪纸艺术家有谢玉霞、朱维桢、楼一层、毛金凤、申屠美芳、田金莲等，年轻一代的有王德林、张文子、何璟、刘莲花、华金娟等。如今，桐庐民间剪纸艺术正呈现出一派百花竞放，春色满园的艺术春天。

抗战中的刀与笔

九十年前，日本帝国主义在中国东北蓄意制造"九一八"事变，发动了侵华战争，中国人民开展抗日救亡运动。为了民族解放事业，中华儿女有的冲锋陷阵，洒血战场；有的以笔为刃，宣传抗战，鼓舞民众；有的努力生产，支援前方战士。在这特殊的日子，我们也特别安排了本期节目，旨在宣传当年有志青年救亡报国之举，谨以此向为民族解放事业献身的先辈们致敬！

在我们桐庐，就有一位用文艺形式进行抗日革命宣传的战士，他就是被冯雪峰

姚思铨

称为"献身于抗战和革命的新文艺工作者"的姚思铨。他才华横溢，以笔为刃、以刀为笔、摇旗呐喊，以满腔热血投身抗战事业，向民众积极宣传抗日，救亡图存，用青春和热血，为浙江抗战事业添上了浓墨重彩的一笔。

姚思铨（1915—1943），笔名万湜思，桐庐白鹤乡板桥（今江南镇凤鸣村板桥自然村）人。诗人、作家、木刻家、翻译家。他从小好学，人称神童。1931年考入杭州师范学校。九一八事变后，投入救亡运动，联络进步同学舒文、骆慕曹等共同组织象征着燃烧自己、贡献光和热给人民大众的"白煤学社"，定期出墙报，报道学生的爱国斗争，宣传争取民主、反对专制的进步思想。同时秘密组织读书会，向同学们介绍进步书刊。杭州戒严司令部发觉后，派军警搜查、迫害爱国学生。1932 年 12 月，姚思铨被捕，半年后经保释出狱。自此，在共产党的支持和帮助下，积极投身于抗日民族解放斗争。

姚思铨在学生时期，酷爱文学美术，课余还自学英语和世界语。民国 26 年（1937）1 月，当时 23 岁的他就选择翻译了苏联马雅可夫斯基的长诗 20 首，题名《呐喊》。所以，姚思铨是最早向国人介绍马雅可夫斯基作品的人。

马雅可夫斯基是苏联诗人、剧作家，大声疾呼文学艺术要为无产阶级革命事业服务，为现实斗争服务，为未来的共产主义服务。从创作实践来看，马雅可夫斯基诗歌创作主流是革命化和大众化。他的代表作长诗《列宁》从正面描写列宁的光辉一生，描写群众对列宁的深厚感情，歌颂列宁高尚的人格、不朽的事业和光辉的思

《姚思铨文集》

想，塑造了无产阶级革命领袖的艺术形象。他身后留下 13 卷诗文。斯大林对他的评语是："马雅可夫斯基过去是、现在仍然是我们苏维埃时代最优秀的、最有才华的诗人。"马雅可夫斯基是一位对中国和中国人民怀有最美好情感的诗人。在 20 世纪 20 年代，他相继写下三首"中国题材"的诗作，即《不许干涉中国》（1924）、《莫斯科的中国》（1926）和《你来读一读，踏上巴黎和中国》（1927）。他在诗文中提到中国和中国人的地方，更是多达数十处，这在苏俄文学大家中比较少见。同时，中国人民对马雅可夫斯基的热情之高也是前所未有，他的诗作几乎全被翻译成了汉语，并且发行量巨大。姚思铨就是翻译他诗作的其中一员。

1937 年冬天，杭州沦陷，姚思铨转到金华。1938 年，姚思铨创编《大风》三日刊，以后又接编《新力》期刊、《浙江日报》副刊《江风》。刊物经常登载左翼作家的作品，发表抨击和揭露黑暗现实的文章，报道抗日根据地及进步文化界的动态，向读者传递光明信息，显示出他出众的器识与才华。

《中国战斗》（木刻作品集封面）

姚思铨深受鲁迅的影响，十分重视木刻在宣传抗日中的重要作用。在繁忙的编辑工作重压下，他还抽时间认真学习木刻艺术，通过木刻作品来教育和鼓励广大读者的抗日热情。他的木刻作品充满抗日的内容，刀法严谨细致而强劲有力，在国内引起很大反响。民国27年（1938），他讴歌中国抗日事业的版画集《中国的战斗》问世。1939年，他与野夫、金逢孙等在金华成立了浙江省战时木刻研究社，姚思铨被选为副社长，还兼任学员来自国内7个省的金华地区函授班的指导老师，以推动抗战木刻运动的发展。

民国28年（1939）12月，姚思铨在中共地下组织代表邵荃麟的指示下，联络项荒途、野夫、张乐平等东南文艺界知名人士，创办了《刀与笔》月刊，姚思铨担任主编。刊物经常刊登共产党人和进步作家的文章、漫画及木刻作品，远销内地各省。由于其影响力大，引起了国民党当局的恐慌，竭力加以干预、钳制，姚思铨针锋相对，据理驳斥。最后，《刀与笔》被勒令停刊，前后仅出了4期。从中也可看出，刊物的出版，深深刺痛了国民党当局的神经。

1942年，姚思铨积劳成疾，肺病

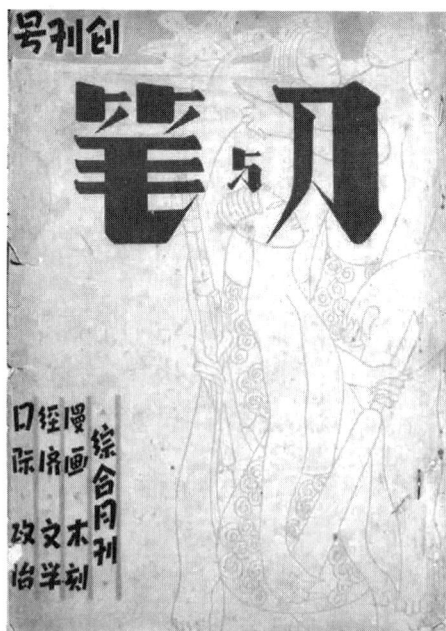

《刀与笔》

日益加重，在缙云岳父家养病，生活十分困难，但他并没有停止抗日斗争。他不顾战乱颠簸和疾病折磨，重新改译了马雅可夫斯基的诗作，并把译著诗作编辑为《黑屋及其它》、翻译论文集《知识分子论集》、小说集《袁法富之死》、散文集《窗及其它》，并选编了一册木刻集。1943 年 12 月 28 日，姚思铨在贫病交迫中溘然长逝。当时报刊评论他"支撑着病体，绞出脑血，一点一滴落在中国干枯的文艺花坛上"。现代著名诗人、文艺理论家冯雪峰称他是"献身于抗战和革命的新文艺工作者"。

姚思铨在临终前重新改译的马雅可夫斯基的诗作，于 1950 年由上海三联书店出版；他的版刻作品，也由他的故乡桐庐的博物馆珍藏，并于日前展出。姚思铨的抗日精神，将永远激励我们奋勇前进。

"脚夫将军" 叶长庚

叶长庚（1903—1986），原名叶樟根，桐庐县百江镇冯家村人。家境贫苦，8 岁替人牧牛，12 岁起打零工。1926 年 6 月，为本村陈姓地主当脚夫去广东韶关。当时，广东是革命根据地，他就在那里参加了国民革命军，随军北伐。1929 年 1 月投奔工农红军，1930 年 4 月加入中国共产党。

叶长庚年少时家境贫困。1926 年 6 月，23 岁的叶长庚作为脚夫去了广东韶关。当时，广东的国民革命红红火火，他就在那里参加了国民革命军，编入二军五师十三团机枪连，不久随军北伐。因他作战勇敢，在攻克南昌、南京两大战役后，升为机枪连代理排长。

叶长庚

部队驻守景德镇时，叶长庚与军内外共产党员频繁接触，还向方志敏部队送过武器。蒋介石叛变革命后，叶长庚受共产党人的影响较大。1929 年 12 月上旬，叶长庚所在的两个营被派往离吉安不远的孤江边上攻打红军。当时，叶长庚是机枪连一排代理排长，受命带领两个班共 22 个人提前出发，担任前卫搜索任务。接受了这一任务，叶长庚心中暗自高兴，决定借这次难得的机会，带一些人和枪投奔红军。

叶长庚他们一路急行军，一口气走了四十多里路，来到孤江岸边的磺家

渡。这是一个荒凉偏僻的小渡口，也是来往山里的必经之地。叶长庚让士兵们隐蔽在江边的一片松树林里，他自己一个人来到江边，站在一块石头上，注意观察对岸的动静。

叶长庚正在观望时，忽然眼前一亮，只见对岸半山腰青翠茂密的竹林中，一面红旗在猎猎飘动。

"啊，红军！"叶长庚心情激动，惊喜地叫出了声来。果然，过了不大一会，一队穿灰军装的红军，沿着小路往这边走来。近了，近了，红军队伍雄姿勃勃，充满生气，叶长庚看的是清清楚楚。叶长庚情不自禁地挥着双手，亮开嗓门，大声喊叫："喂——同志——！"呼声在空旷的群山间发出回音，那边却没人答话，只见红军的队伍仍然在行进。

过了一会，红军队伍又近了些。叶长庚站得更高一点，用双手括成喇叭筒状，对着嘴边，又大声喊道："喂——！你们是什——么——军——队？"

这次红军队伍听到了。有人站出来大声回话道："我们是红军！你是干什么的呀？"叶长庚大声答道："我们是国民党军队的士兵，要投奔红军。"

"我们是彭德怀的红军，你们快过来吧！"有两名红军从山上跑步来到渡口边。

原定二个班聚齐后　起渡江，可等了约一小时，还不见后面的人赶到。突然，在叶长庚他们来的方向约一里路远的地方，响起了"哒、哒、哒"一阵密集的枪声。叶长庚预感到情况不妙，不能久等，必须赶快渡过江去，以免发生意外。于是，叶长庚让士兵集合上船，抢渡孤江。就这样，叶长庚带着22个人，2挺重机枪，8支步枪，投奔了红军。

当时，按红军规定，重机枪每挺奖赏大洋250块、步枪50块，每人奖50块大洋。叶长庚忙说："我们从国民党军队来投奔红军，是为了寻找光明道路，不是为了钱来的。"彭德怀军长知道了此事后，特地安排时间接见了叶长庚。

叶长庚在近60年的革命生涯中，为中国人民的解放事业南征北战，出生入死，负伤十多处，战功卓著。1955年9月被授予少将军衔，成为新中国我县第一位将军。1956年叶长庚又荣获一级八一勋章、一级自由独立勋章、一级解放勋章。

「脚夫将军」叶长庚

土地革命时期，他历任红军特务队机枪大队大队长、红八军四师二团团长、赣南独立十二师师长、湘赣军区代参谋长等职；参加了第一至五次反"围剿"斗争和二万五千里长征。在复杂艰苦的战争环境中，他敢打硬仗，曾受到中央军委的嘉奖，还荣获苏维埃政府颁发的三级奖章和十年英勇善战纪念章。

抗日战争时期，他历任晋察冀军区第四军分区参谋长、副司令员、晋察冀第五专署民兵部部长等职。1938年，他带领17名干部，在晋察冀开展9个县的地方工作，指挥部队和游击队痛歼日伪军，为抗日战争的胜利贡献了力量，被军分区党委授予"模范党员"称号。1945年4月，他当选为中共第七次代表大会代表。

解放战争时期，他曾任黑龙江省军区司令员。1946年，他指挥黑龙江剿匪斗争，先后消灭土匪3万余人。1949年1月，为做好起义部队的工作，毛主席委派他担任五十军副军长。他听从党的安排，即挥戈西南，在四川资阳歼灭国民党军千余人，俘虏国民党军万余人。在解放重庆、成都等重大战役中，叶长庚率部担任主攻，为中华民族的解放和新中国的建立作出了积极的贡献。

新中国成立后，他历任中南军区后勤部运输部副部长、江西省军区副司令员、江西省第五届人大常委会副主任、政协江西省第四届常务委员会委员等职，为社会主义建设，为部队、民兵和预备役建设付出了自己的辛勤劳动。

"文化大革命"中，林彪、"四人帮"一伙倒行逆施，叶长庚也受到冲击。在逆境中，他仍然坚信伟大的中国共产党，充分表现了一个老共产党员的坚定立场和崇高气节。粉碎"四人帮"后，他不顾年老多病，回忆整理了长达17万字的革命回忆录《从脚夫到将军》，由解放军出版社出版，为后人留下了宝贵的精神财富。

叶长庚同志于1986年4月2日在南昌逝世，享年83岁。叶长庚同志一心为革命、为人民的精神，将永远铭刻在人们心中。

"一代宗师"叶浅予

他是中国漫画和生活速写的奠基人，当代杰出的中国人物画大家。20 世纪 30 年代，曾参加革命宣传工作，为中华漫画界救亡会负责人。他曾任中央美术学院国画系主任、中国美术家协会副主席、中国画研究院副院长。他就是中国美术界的"一代宗师"——叶浅予。

叶浅予

一、"前无古人"叶浅予

叶浅予一生从事中国画教育和以舞蹈、戏剧人物为主的国画创作，是中国人物画新风格的开创者、中国漫画和生活速写的奠基人。曾担任中国美术家协会副主席、中国文联委员、中国画研究院副院长、中央美院教授、全国政协委员。

叶浅予是著名的美术教育家，是中国美术界的"一代宗师"。画家有千千万，然而被称为"一代宗师"的却是凤毛麟角。大多数画家可能只在一个领域成为大师，而叶浅予在漫画、戏曲舞蹈人物、生活速写三个方面都是领军人物。

在 20 世纪的中国绘画史上，叶浅予毫无疑问是一个闪耀着光芒的名字。他虽然没有受过正规系统的美术教育，但能够凭借自己勤奋创作逐渐积累起来的艺术修养，从一个练习生"闯"到了中国美术教育的高等学府，并且担任国画系掌门人，这可以说是前无古人的。

徐悲鸿曾经这么评价他："如果有 10 个叶浅予，中国的文艺复兴就到来了。"

二、叶浅予和张大千

徐悲鸿、张大千都是当时中国画坛上的领军人物。虽然徐悲鸿比叶浅予年长 12 岁，张大千比叶浅予大 8 岁，但可以说他们是属于同一时代的美术界大家。张大千对叶浅予的长篇漫画《王先生》是赞不绝口。他们两个人的见面是在 1937 年。1945 年初夏，叶浅予访问印度回来，决定去康定藏区采风，收集民族舞蹈素材，来到成都张大千家中，向张大千学习中国画笔墨技法，一住就是整整三个月。在此期间，叶浅予与张大千结下了深厚的友谊。叶浅予回忆说，张大千作画有个习惯，旁边要有人陪他说话聊天。叶浅予就在旁边，一边看他画画，一边听他谈画。叶浅予曾经画过一张漫画，记录了这样的场景，非常生动传神。

其实，张大千对叶浅予的印度舞蹈人物十分感兴趣，曾经将叶浅予两幅印度妇女的舞姿画作为蓝本，用自己的笔法来模仿，并在画上题字："偶见吾友叶浅予作此，漫效之。"

从这个角度说，叶浅予、张大千是互为师友的关系。到了晚年，张大千与叶浅予还有书信往来。张大千称叶浅予为"浅予老长兄"。而叶浅予则称赞说："张大千是所有中国画家中最勤奋的，他把所有古人的画都临过不止十遍。"叶浅予和张大千的交往，在中国画坛上留下了一段佳话。

三、叶浅予的作品

叶浅予先生的著名的长篇漫画《王先生》，以及另外一部《小陈留京史》，是叶浅予先生在北伐失败后，拿起画笔针砭时弊，借鉴外国连续漫画的形式创作的，具有尖锐的批判意识和生动的艺术造型。通过两个典型形象"王先生"和"小陈"，用幽默的手法鞭挞了当时社会中自私自利、损人利己的风气，对当时贪污腐败的官场，作了淋漓尽致地揭露和辛辣的讽刺，在那时可以说是风靡全国、家喻户晓的两部漫画作品，还被拍成了电影。

在抗战爆发后，叶浅予先生积极投身抗口救亡的宣传，曾担任漫画队的队长，并主编《抗战漫画》。为迎接新中国的建立，他又满腔热情地创作了很多作品。

叶浅予一生创作了无数的优秀作品。值得一提的是，叶浅予还曾经为茅盾小说《子夜》和老舍话剧《茶馆》等名著配画插图。

今年是中国共产党百年华诞，中央电视台开设了"美术经典中的党史"节目，对叶浅予的工笔重彩国画《北平解放》进行专题介绍。这幅画场面宏大，人物众多，有进城的解放军队伍，有市民、工人、学生、知识分子，这些人物的身份都清晰可辨。还有北平代表性的古建筑，画面由近及远，层次分明。叶浅予以古代山水画的构图方式，大量采用鲜活的红色铺染画面，来呈现解放军进城的场面，一幅万众欢欣、普天同庆的场面跃然纸上，十分震撼。作品一经问世，立马在中国美术界引起了强烈反响。

晚年的时候，叶浅予开始构思收集富春江山水素材，从杭州六和塔、富阳、桐庐，一直到建德梅城。最后，完成了一幅全长32尺的《富春山居新图》长卷。

清代杭州诗人王清参在《泊富春山下》的诗中写道："今日已无黄子久，谁人能画富春山？"意思是说，现如今已经没有了黄公望这个大画家，谁还能再画得出《富春山居图》这样的传世作品呢？叶浅予以他的实际行动回答了诗人的"历史之问"。1979年，72岁高龄的叶浅予，历时5年，用他的如椽大笔，完成了中国画长卷《富春山居新图》创作，这是继黄公望之后，又一幅富春江山水长卷的经典之作。

四、叶浅予与家乡桐庐

据叶浅予侄女叶如君介绍，叶浅予晚年回桐庐，有汽车到杭州去接，他却不要坐，而是喜欢到南星桥坐轮船回桐庐，一路溯江而上，观赏钱塘江两岸的山水风景。回到桐庐后，又经常去富春江、芦茨湾等地方走走看看。本来已经封笔的叶老又一次被家乡的风光所感动，所陶醉，便又拿起画笔开始写生，积累素材。叶浅予以一幅山水长卷《富春山居新图》，回答了诗人的"历史之问"，也完成了叶浅予心中对故乡桐庐的美好凤愿。

叶浅予先生对故乡桐庐怀有深厚的感情，晚年的他每年都会回桐庐。怀着对家乡的深厚情结，叶老将自己的一部分作品和收藏的字画捐赠给了家乡。

1988年，叶浅予将个人珍藏多年的元明清及现代名人字画73幅、自己的画作精品128幅以及787册珍贵藏书捐赠给了家乡桐庐。这样规模和规格的捐赠在全国县级城市中，是绝无仅有的，大大地丰富和提升了桐庐的馆藏。

叶浅予高尚品格和爱国爱乡的情怀，一直鼓舞和激励着后人。

为了纪念叶浅予先生，在桐庐县城中心广场西南角建造了一座叶浅予艺术馆，馆内展陈叶浅予先生的生平事迹和各个时期的代表作品。在艺术馆东面建有"叶浅予公园"。2008年，桐庐县创立"叶浅予中学"。同年，设立"叶浅予文艺奖"。2013年12月，成立叶浅予书画院。2017年6月，成立叶浅予研究会。

叶浅予先生对家乡桐庐的情结还体现在他对于桐庐美食的关注和喜爱上。他也曾多次提出要把桐庐最负盛名的传统筵席"十六回切"恢复起来。他曾多次说过"十六回切"不仅仅是美食，而是一种地方饮食文化，对于宣传桐庐是很有好处的。

在他的自传体回忆录《细叙沧桑记流年》一书中，详细记载了桐庐喜庆筵席的美食佳肴和宴席礼仪。在《十六回切》一文写道，他儿童时期"经常跟随母亲参加十六回切这类筵席"。叶浅予15岁离开桐庐，外出求学谋生。也许是"第一口奶"的味觉记忆吧，晚年的叶老对家乡的美食，总是念念不忘。每次回故乡桐庐，他总会去寻找"小时候的味道"。记得20世纪80年代末，听桐庐县城有名的老中医王维鼐谈到叶老：叶浅予真是个"倔老头"，请他到我的新房子"八德楼"家里来做客，他非要我办个"十六回切"不可。王老中医为叶老办了个"十六回切"家宴。那次，一起赴宴的有黄苗子、丁聪、陆生庠等美术界大家。后来，叶老根据这次家宴画了一幅《十六回切》速写漫画，并写诗一首：

十六回切四点心，干烧螺蛳拌雷笋。

油炸臭干鸡子饼，清蒸白鱼熬馄饨。

1993 年 10 月的一天，叶浅予到窄溪古镇走访。镇里为他准备了接待餐，结果中饭时间到了，还不见叶老回来。原来，他让陪同人员一起到农村"寻味"去了，在一户村民家里吃糊麦粿。当时，叶老吃得津津有味，脸上露出了回味童年的愉快笑容。

著名画家、散文作家郁风在一篇文章中称赞叶浅予具有"耿直洒脱、大义凛然、坦白率真"的品格。这十二个字透露出来的是叶老热爱生活，追求自我的强烈个性。

叶浅予先生的座右铭是"生活上知足常乐，艺术上自强不息"。

这是叶老对待事业和生活的态度，也是他人格魅力的真实写照。叶老不仅艺术修养高妙、绘画技艺高超，他的人品和人格更令人敬佩。笔者认为可以提炼成为"浅予精神"。我们要学习浅予精神，弘扬浅予精神，热爱生活，坚持真理，追求事业，勇于创新，让"浅予精神"永远照亮桐庐大地，激励后人砥砺前行。

1995 年 5 月 8 日，叶浅予先生在北京病逝，享年 88 岁，一年后骨灰回葬桐君山麓，了却了他生前的心愿。而和他相伴的青清悠幽的富春江两岸，如今，新城拔地而起，《富春山居新图》正在展开更加绚丽和精彩的画卷！

"三好"干部严如湛

严如湛，桐庐县严陵乡俞家村（今富春江镇俞赵村）人。新中国成立后，严如湛从农民到村农会主任、农业社社长、大队党支部书记、公社副主任，再到中共桐庐县委副书记、县人大常委会副主任、中共杭州市委委员。1977年，严如湛同志当选为中国共产党第十一届全国代表大会代表。政治地位不断变化，但他全心全意为人民服务的宗旨和劳动人民的本色始终保持不变。

一、带着妻儿落户后进队

新中国成立后，中共中央、国务院接连多次发布决定、通知和通报，要求各级干部同普通劳动者一样，参加一定时间的体力劳动。1959年初，当时的俞家大队党支部，为了认真贯彻执行中央指示，动员和组织干部参加劳动，决定把干部下到生产队，不仅要按规定就地参加农业生产，实行边劳动边工作的领导方法，还要参与该生产队的年终分配。

在当时，生产队是农村集体所有制的合作经济组织，土地等生产资料归生产队集体所有，实行独立核算、自负盈亏的政策。在国家计划指导下，生产队有权根据本队的实际情况，因地制宜地编制生产计划，制定增产措施，确定经营管理方法，生产队有权分配自己的产品和资金；在完成向国家交售任务的条件下，生产队有权按国家的政策规定，处理和出售多余的农副产品。这就在客观上造成了队与队之间，同工不一定同酬的情况，穷队与"富队"同样是一个10分工劳动日，分红却有很大的差异。

面对后进队的困难情况，大队长兼党支部副书记的严如湛主动请缨带领家人到后进队落户，帮助改变落后面貌。一开始，由于考虑到他全家人去，会减少他的家庭收入，村党支部也只同意他一个人去。但严如湛坚持认为，只有全家人一起去，与所去队的社员同劳动、同分配，才能使人相信你人去心也去。

二、革命的"老黄牛"

在家人的支持下，从 1959 年至 1962 年这四年间，他带着全家三次到后进队落户，带头参加集体生产劳动，千方百计改善经营管理，推广新的农耕技术，使三个后进队都改变了落后的面貌。

第一次，严如湛落户到年年赔产的第二生产队。在二队，他发现了这样一个情况：9 个人一天一亩多秧田都干不完。第二天，他自己带着 7 个人，做了七亩秧田。经过这件事情，他发现劳动定额存在问题，多劳不能多得，影响了社员的积极性。之后，他调整了劳动定额，健全了定额管理制度。施家坞有九亩田，土地贫瘠，原来每年只能种一季早稻，亩产最多也不过 300 斤。严如湛带领干部和社员，割了大量的青草施进田里，改善土壤，增加肥力。后来，这九亩田不但种上了双季稻，亩产竟然达到了 1000 多斤，成了有名的丰收田。他仅用了一年时间，使全队粮食超产 2500 多公斤。这是严如湛第一次下后进队。

第二次是 1960 年，他落户到了减产 1 万多公斤的第一生产队，同社员一起劳动，同群众打成一片，用踏踏实实的工作赢得了群众的心，找准了解决问题的办法，使当年粮食增产 6000 多公斤，成为全大队增产最多的生产队。

严如湛就像一头革命的"老黄牛"，耕了这一亩，又耕那一亩；哪里有困难，就往哪里闯。1961 年，他又落户到农具、资金缺乏，困难最多、产量最低的移民生产队，带领社员群众连干两年，全队粮食亩产从 1960 年的 260 公斤提高到 1962 年的 500 多公斤，生猪从 1 头增加到 41 头，社员集体纯收入从平均每人 31 元增加到 74 元，使后进队一下子跃入了先进队的行列。

1959 年至 1962 年，在三下后进队的四年时间里，严如湛始终保持劳动人民的本色，身不离劳动，心不离群众，一心为集体，自愿带领全家从"米箩"

往"糠箩"里跳，三下后进队，先后改变了 3 个生产队的落后面貌，使连年遭灾的一队增了产，连年减产的二队超了产，穷困的外来移民队率先突破亩产千斤大关。

三、"五九批示"

1963 年 4 月 15 日，为进一步推动城乡社会主义教育运动的开展，毛泽东主席和浙江省委、杭州市委有关同志谈话，要求认真准备与社会主义教育运动相关的材料。浙江省委遵照毛主席的指示，编印了《一批干部参加劳动的材料》。这批材料共 7 份，其中一篇是桐庐县委提供的《严如湛同志三下后进队》。1963 年 5 月 9 日，毛主席在审阅这批材料时，将题目改为《浙江省七个关于干部参加劳动的好材料》，并一气呵成写下约 1300 字的长篇批语，史称"五九批示"。

毛主席在批示中，依旧把干部参加生产劳动看作是一个具有"伟大革命意义"的"极端重大的问题"，并指出"这一次社会主义教育运动是一次伟大的革命运动……干部和群众一道参加生产劳动和科学试验，使我们的党进一步成为更加光荣、更加伟大、更加正确的党，使我们的干部成为既懂政治、又懂业务、又红又专、不是浮在上面、做官当老爷、脱离群众，而是同群众打成一片、受群众拥护的真正好干部。"

此后，"五九批示"连同浙江省七个好材料一起作为《中共中央关于目前农村工作中若干问题的决定（草案）》附件印发。这个决定被称为"前十条"，其中，第七条专门论述了干部参加劳动的重要性及具体要求。

"五九批示"发表后，同年 7 月 3 日，《人民日报》发表长篇通讯《严如湛"三下后进队"》和言论《谈"三下后进队"有感》，介绍了严如湛的事迹。此后，严如湛觉得自己更加不能脱离群众、脱离劳动、脱离实际，依然要"吃苦在前，享受在后"。于是，他又第四次带领全家下到当时排在后进的第四生产队，并且实现了当年增产粮食 1 万余斤的好成绩。当时，社员们称他是"活财神"，干部称他是"荒山开路人"。接着，他又下了三个队，通过他勤奋地工作，三个队都改变了落后的面貌。

严如湛（左二）向社员传授农耕技术

四、"干"字当头，始终如一

1971 年 6 月 20 日，《人民日报》又发表了《在三大革命斗争中勇往直前——记俞家大队党支部书记严如湛七下后进队》，再次介绍严如湛的先进事迹。从他的身上，折射出一批长期坚持集体生产劳动，保持劳动人民本色；不计个人得失，关心群众疾苦，勇于挑起帮扶后进队的重担；坚持群众路线，重视科学种田；发扬无私奉献精神，成为劳动好、工作好、学习好的"三好"干部。严如湛七下后进队的先进事迹，受到了党和政府的褒奖。1966 年国庆节，他应邀参加国庆观礼，登上了天安门，受到了毛主席的接见。1971 年 7月 13 日，时任国务院副总理的华国锋来到俞家大队看望了他。1977 年 8 月，他光荣地出席了党的十一大，受到中央领导同志的接见。

严如湛不论工作多忙，他总是和社员一道下田干活，每年平均参加集体生产劳动 230 天左右，大大超过当时"农业六十条"规定的大队干部一年中参加集体劳动 120 天的标准，成为当时积极参加集体劳动、领导生产的好干部的典型之一。他常说："手捏锄头，身在田头，才能了解群众。手上老茧越厚，继续革命的斗志才更旺盛。"

严如湛始终以"干"字当头，同群众打成一片。尽管"五九批示"后，他的生活发生了一些变化，需要参加的会议多了，但他尽量安排时间参加集体劳动。如果是参加公社的会议，他就提前起床，到田边走一遍，与生产队长交代好工作再去开会；参加县里的会议，如果要求下午报到，他就在地里干到太阳下山，再赶到县城。1963年后的十年间，严如湛平均每年参加生产劳动186天。在俞赵考坑坞水库工地劳动时，他胸部被大石块撞伤，社员们劝他休息，他怎么也不肯。他说："这点伤算得了什么，不吃点苦受点累，怎么能尽快改变面貌呢？"第二天，他又出现在工地上。1971年，50多岁的严如湛在富春江北渠水利工程修建中，带领突击队，不管是寒风凛冽，还是大雨滂沱，他都带头赤脚下渠，挖泥撬石。在严如湛的带领下，俞赵大队成为全公社第一个完成建渠任务的大队。

严如湛始终以"实"字为根基，发现和解决实际问题。他每下一次后进队，都要查找落后的原因，对症下药。如果是生产队的干部比较年轻，压不住阵的，他就帮助出点子，为年轻人撑腰；是移民队不熟悉当地耕作方式的，他就手把手地教；是生产资料缺乏的，他帮助四处采购；是社员人心涣散的，他带了全家去落户，与社员群众打成一片。

在做群众思想工作上，严如湛非常有经验，他总是晓之以理，动之以情。比如，在他所下的后进队中，有一个生产队，虽然劳动力强、生产能手多，但集体生产一直搞不好。有人反映是社员不团结，其中有一个生产能手带了个不好的头。严如湛知道情况后，找到了这个生产能手，和他边劳动边交谈。当他家生活发生困难时，严如湛帮助借粮借钱；家人生病时，常去看望。在生产上，严如湛经常主动征求他的意见。这样，随着这个生产能手态度的转变，影响了一批社员，带动了全队风气的好转。到移民队的时候，因外县移民生活习惯不同，严如湛就改变自己的生活规律去适应大家。又比如，有个别社员吊儿郎当，严如湛就有意安排他担任一定责任的工作，提升他的责任心和荣誉感，后来成了队里的生产骨干。平时，严如湛对家人要求比较严格，但对社员群众却很和气。有一次，正是大年初一，一对夫妻吵架，女的跑到严家来哭诉。邻居们都抱怨"不吉利"，严如湛却耐心地安慰她，并亲自把她送回家，做好了两夫妻的和解工作。社员家里不论有什么难处，严如湛总是认真对待，帮助解决，赢得了全村群众的一致好评。

1988 年，严如湛因病与世长辞。但是，他的孺子牛、拓荒牛、老黄牛精神并没有随着他的离开而消失，在许许多多党员干部中，我们依然能看到严如湛的精神在传承和发扬。

名人与桐江

品读桐江名人

谢灵运在桐庐首创山水诗

一、山水诗鼻祖谢灵运

南朝宋诗人谢灵运，是公认的中国山水诗鼻祖。

谢灵运（385—433），是东晋陈郡阳夏（今河南太康）人，出生在会稽（今绍兴）。原为陈郡谢氏士族、东晋名将谢玄之孙，小名"客"，人称谢客。又因祖上曾任康乐县令，被袭封为康乐公，世称谢康公、谢康乐。他是中国文学史上山水诗派的开创者。从谢灵运开始，山水诗便成为中国文学史上的一大流派。

谢灵运还兼通史学，工于书法，翻译佛经，曾奉诏撰《晋书》。《隋书·经籍志》《晋书》录有《谢灵运集》等 14 种。

二、关于山水诗发祥地之说

由于谢灵运曾任浙江永嘉郡太守，其间写有多首以楠溪江为题材的山水诗，因而温州永嘉县早就提出永嘉是我国山水诗的发祥地。由于永嘉郡相当于今温州地区，如今这一提法已经升格为温州是中国山水诗的发祥地，并且作为一大品牌从 2017 年以来着力打造，推出了一系列活动。

除温州外，拥有天姥山的绍兴市新昌县因为留有"谢公故居"和李白《梦游天姥吟留别》"谢公宿处今尚在，渌水荡漾清猿啼。脚著谢公屐，身登青云梯"的诗句，也提出新昌是中国山水诗的发祥地。

而谢灵运最早写山水诗却是在富春江上，在桐庐，我们打响山水诗发祥地观点理所当然。

三、为什么说谢灵运在桐庐首创山水诗

学者说：

2008 年，厦门大学研究生林文兰在其硕士学位论文《元和至咸通间睦州诗人群研究》一文中写道："谢灵运在赴永嘉太守任时，途经富春江畔的七里濑，沿江观景抒情，不由写下《七里濑》诗。"

记者说：

2014 年 4 月 9 日《温州日报》发表记者南航《谢灵运：永嘉太守，游吟山水》一文，其中写道：

云日相辉映，空水共澄鲜。

永初三年（422）早秋，朝露冷，夕阴浓，当辞别京城邻里的谢灵运拖着病体，怀着一颗悲怨的心钻进方山码头的夜航船，开始贬谪之旅时，并没意识到输在一时，赢在千秋；官场失意，文坛得意，这是一趟真正成就他的山水诗丰收行。

在用沿途的《七里濑》《富春渚》《过始宁墅》《初往新安至桐庐口》等作品小试牛刀后，到达温州的他发现，这个荒僻的永嘉郡原来也是一个他素爱的山水窟，这大大减轻了他出身世家大族、袭封康乐公而遭遇的政治挫折感。

为此，我想说：

谢灵运是最早游历并描写富春江的诗人，而且其关注点主要在桐庐，因为桐庐一段是富春江最美的，境内更有东汉古迹严子陵钓台。"桐庐"地名又是最早在谢灵运诗中出现。

现存谢灵运富春江诗共 4 首，即《富春渚》《夜发石关亭》《初往新安至桐庐口》《七里濑》。其中《夜发石关亭》《初往新安至桐庐口》《七里濑》完全写的是桐庐境内的山水风光与人文风情。

《初往新安至桐庐口》全诗如下：

> 絺绤虽凄其，授衣尚未至。
> 感节良已深，怀古徒役思。
> 不有千里棹，孰申百代意。
> 远协尚子心，遥得许生计。
> 既及冷风善，又即秋水驶。
> 江山共开旷，云日相照媚。
> 景夕群物清，对玩咸可喜。

诗中既有"感节良已深，怀古徒役思"的议论，又有"江山共开旷，云日相照媚"的描写。在诗人眼里，桐庐口的风光"景夕群物清，对玩咸可喜"。

而《七里濑》是其名篇，全诗是这样的：

> 羁心积秋晨，晨积展游眺。
> 孤客伤逝湍，徒旅苦奔峭。
> 石浅水潺湲，日落山照曜。
> 荒林纷沃若，哀禽相叫啸。
> 遭物悼迁斥，存期得要妙。
> 既秉上皇心，岂屑末代诮。
> 目睹严子濑，想属任公钓。
> 谁谓古今殊，异世可同调。

七里濑即七里滩，又称严滩、子陵滩和严陵濑、严子濑等。这首诗中既有"石浅水潺潺，日落山照曜"这样的景物描写，也有"目睹严子濑，想属任公钓"这样的怀古抒情。

发明了"谢公屐"的谢灵运堪称是我国最早的山水旅行家。正因为谢灵运在我国山水游历与诗歌创作中的地位与影响，"脚著谢公屐"几乎成为其后历代诗人追慕的风尚。于是桐庐山水尤其是严子陵钓台古迹，几乎成为其后历代诗人向往的胜境。又因为谢灵运写有影响深远的桐庐山水诗，人们自然也把谢灵运与桐庐山水连在一起。谢灵运理所当然成为历代诗人题咏桐庐入诗名人。如唐朝李白在《翰林读书言怀呈集贤诸学士》这首古风中有"严光桐庐溪，谢客临海峤"的诗句，把谢灵运与严子陵相提并论了。另一位唐朝诗人吴融在七律《富春》中写道："未必柳间无谢客，也应花里有秦人。"明朝刘基在《九日舟过桐庐》中言："溯湍怀谢公，临濑思严子。"清朝朱之锡在《过七里滩》中云："谢公诗境好，到此意超然。"另一位清朝诗人王嵩在《七里濑》诗中又说："身世严陵钓，山川谢客诗。"谢客、谢公指的都是谢灵运。"山川谢客诗。"由此可见，桐庐山水与谢灵运之诗已融为一体，密不可分。

无论说谢灵运"观景抒情，写下《七里濑》诗"，还是说他赴任途中"小试牛刀"，都说明谢灵运在桐庐首创了山水诗。而且我以为谢灵运在桐庐写的这几首山水诗，在艺术上已经成熟了。

今天，我们在弘扬钱塘江诗路文化的背景下，在"溯湍怀谢公"的过程中打响"桐庐是中国山水诗的发祥地"，应该是天经地义的。

吴均与桐庐山水

桐庐山水，有个影响颇大的标志性评价，那就是："奇山异水，天下独绝。"作出这个评价的，是一千五百多年前的安吉人吴均。

一、吴均其人

吴均（469—520），字叔庠，南朝梁代文学家、史学家。他是吴兴故鄣（今湖州安吉）人。吴均出身贫寒，但好学而有俊才，且性格耿直。相传沈约（南朝梁开国功臣，政治家、文学家、史学家）见其文，倍加称赏。梁天监二年（503），吴兴太守柳恽召吴均为主簿，常与其赋诗唱和。建安王萧伟趋贤重士，召吴均为记室，掌文翰；后萧伟迁江州（今江西九江），补吴均为国侍郎，兼府城局。后柳恽又向梁武帝推荐吴均，帝召之赋诗，大为赏识。于是任命吴均为待诏，累升至奉朝请。

吴均通史学。在任奉朝请期间，先是上表欲撰《齐书》，求借《齐起居注》及《群臣行状》，武帝不许。遂私撰《齐春秋》，成稿30卷。如实称武帝为齐明佐命，武帝不悦，以"其书不实"为名，使中书舍人刘之遴诘问数十条，竟支离无对。武帝下令焚之，并免其职。不久，武帝又召令撰《通史》，起三皇迄齐代。吴均撰本纪、世家已毕，惟列传未就而卒。吴均还注范晔《后汉书》90卷，著《庙记》10卷、《十二州记》16卷、《钱唐先贤传》5卷等。吴均为文清拔，工于写景，尤以小品书札见长，诗亦清新，多为反映社会现实之作，为时人仿效，号称"吴均体"。

二、《与朱元思书》——一封信，盛赞桐庐山水

吴均曾经畅游富春江，自富阳至桐庐，溯江而上，悠然自得，陶醉于山水美景，于是迫不及待给好友朱元思（一说宋元思）写去一封信分享自己的见闻（恰似如今微信私发朋友一样），成就了中国文学史上一篇山水美文小品。全文仅140余字：

风烟俱净，天山共色。从流飘荡，任意东西。自富阳至桐庐，一百许里，奇山异水，天下独绝。

水皆缥碧，千丈见底。游鱼细石，直视无碍。急湍甚箭，猛浪若奔。

夹岸高山，皆生寒树，负势竞上，互相轩邈，争高直指，千百成峰。泉水激石，泠泠作响；好鸟相鸣，嘤嘤成韵。蝉则千转不穷，猿则百叫无绝。鸢飞戾天者，望峰息心；经纶世务者，窥谷忘反。横柯上蔽，在昼犹昏。疏条交映，有时见日。

文章以骈体文形式，用简洁而传神的文笔，描写富春江奇山异水之美景，读后如亲临其境。文章共三段，第一段总写富春江风光特色"风烟俱净，天山共色"和作者旅行状态"从流漂荡，任意东西"。特别是对富春江的评价和赞美，一锤定音，形成标志："奇山异水，天下独绝"。奇山异水，是互文，即奇异的山水，本身就是赞美。还要称

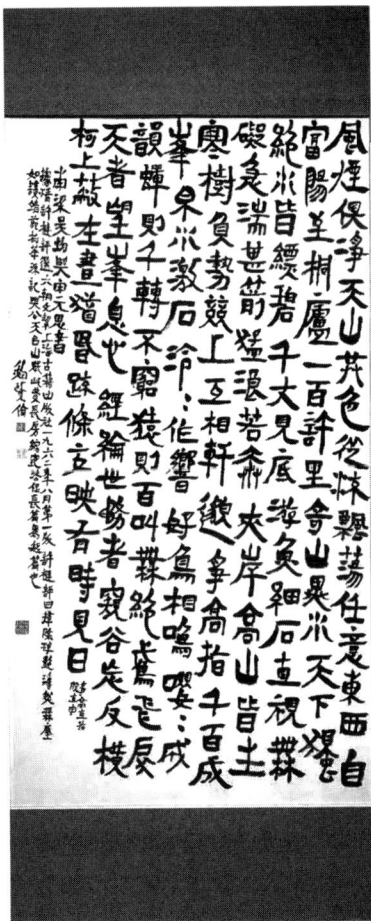

吴均《与朱元思书》（鲍贤伦书）

赞天下独一无二。正如我们夸奖一个人，说他是好人，天底下少有。接着两段分写奇异的水和奇异的山。写水抓住两个关键词："缥碧""急湍"。写山

吴均与桐庐山水

的关键词是："轩邈"及"寒树""泉水""好鸟""蝉""猿"等要素。最后是人生感慨，是文章主题的升华。结尾又落笔到曲流通幽的旅途美景之中。

三、《与朱元思书》的影响力

此文因为收入《艺文类聚》（唐代欧阳询编）及相关文选，特别是中学语文教材，影响巨大。具体表现在：一是继续被入编各类读本；二是被学者作家经常引用；三是成为书法、篆刻作品的常见内容。

另外，"自富阳至桐庐，一百许里"，我以为重点在桐庐境内。正如《自钱塘至桐庐舟中杂诗》"一折青山一扇屏，一湾碧水一条琴。无声诗与有声画，须在桐庐江上寻"一样。针对建德学者提出"自富阳至桐庐"应该是"自建德至桐庐"的说法，我在2020年第四期《文澜》杂志撰文商榷，我从五个方面进行阐释，表达了吴均"自富阳至桐庐"不容置疑的明确观点。

李白诗歌中的桐庐元素

中国文学史上，唐朝是诗歌的高峰，而唐诗的最高峰，就是李白。他是公认的唐朝诗人"NO.1"，被誉为诗仙。这样一位伟大诗人，与我们桐庐也有着密切的关系。

一、唐代伟大诗人李白

称李白为唐代伟大诗人毫不为过。李白（701—762），字太白，号青莲居士。祖籍陇西成纪（今甘肃天水附近），出生于碎叶（唐时属安西都护府，在今吉尔吉斯北部托克马克附近），幼时随父迁居绵州隆昌（今四川江油）青莲乡。李白从小受到良好的家庭教育，读了很多书，而且不受儒家正统思想束缚，好仗剑行侠。少年时就以杰出的才华名闻乡里。25 岁开始长期在外漫游。天宝初因诗名为唐玄宗所赏识，供奉翰林。但在政治上不受重用，又被奸臣谗害，仅一年多就离开京城长安。天宝三年（744）与杜甫结交于洛阳。"安史之乱"时，曾经做过永王李璘的幕僚。后来因为李璘兵败而受牵连，被流放夜郎。途中遇赦。晚年漂泊困苦，死在当涂（今属安徽）。李白的诗歌想象丰富，构思奇特，呈现出雄奇豪放的风格，是我国古代继屈原之后最伟大的浪漫主义诗人。留传到现在的诗歌有近千首。有《李太白全集》。

二、李白诗歌中的桐庐元素

李白诗歌中与桐庐相关的诗就有 12 首，这些诗大多又跟严子陵跟钓台有关，我想与他在政治上不得志的经历相关，他在称颂严子陵的同时，表达自己"永愿坐此石，长垂严陵钓"的愿望。

我曾经在《好一个"桐庐色"》一文中写有如下一段：

桐庐山水因为有严子陵的隐居故事和谢灵运的最先推介，连最伟大的唐朝诗人李白也喜爱有加。李白有诗云："严光桐庐溪，谢客临海峤"（《翰林读书言怀呈集贤诸学士》）。他又在《宣城青溪》一诗中写道："青溪胜桐庐，水木有佳色。"尽管诗中赞美的是青溪，但它用桐庐反衬之，同样说明桐庐水木有佳色。这正如毛泽东诗句"莫道昆明池水浅，观鱼胜过富春江"一样，说明富春江观鱼自古称绝。又如人们赞美一个女子说她比西施还漂亮，绝对没有贬低西施的意思。

由此可见，李白对桐庐山水人文的赞美溢于言表。除前述"桐庐""桐庐溪"地名外，据申屠丹荣先生考证，李白诗中用到的关联桐庐的地名还有"富春山""七里濑""严光濑""严湍""子陵湍"，共7个。从中更可窥见他对严子陵的崇尚。

由于李白的桐庐诗几乎都是咏史怀古、赠送友人的，而少山水名胜行吟诗，引发某些人对李白究竟有无来过桐庐游过钓台的争议，为此，申屠丹荣老先生写有《李白有否到过桐庐考》一文，从四个方面考证李白到过桐庐，有一定道理，只是每一点考证都是推测，说服力不够强。但我想，有李白那些关于桐庐的诗在，追究他有无来过桐庐，其实意义已不大。

三、李白桐庐诗中的两首名作赏析

古风（十二）

松柏本孤直，难为桃李颜。

昭昭严子陵，垂钓沧波间。

身将客星隐，心与浮云闲。

长揖万乘君，还归富春山。

清风洒六合，邈然不可攀。

使我长叹息，冥栖岩石间。

李白《古风》（十二）诗碑

李白诗歌中的古风五十九首，较有影响，而这首称赞严子陵的尤为著名。古风是诗歌体裁之一，不像七绝、七律一样有句数限制，可长可短。这首古风共12句，不算最短（59首中最短的8句，最长的32句），但此诗显然已表达了对严子陵归隐富春山、垂钓沧波间的崇敬之情和羡慕之意。而且李白的诗再次证明富春山就在我们桐庐境内。诗中一些词语"松柏""昭昭""长揖""还归""清风""邈然"等，都表达了对严子陵不事王侯、高尚其事的景仰。

另一首《酬崔侍御》大家可能更熟，因为严子陵钓台碑园开头就有此诗碑。

严陵不从万乘游，归卧空山钓碧流。

自是客星辞帝座，元非太白醉扬州。

这是李白答谢好友崔成甫的诗。崔曾任校书郎、摄监察御史。有诗赠李白。

诗中"严陵"，即严子陵。"万乘"：指帝王，按周制，天子地方千里，能出兵车万乘，因以万乘指天子。"碧流"指富春江。"客星"，即严子陵，前一首诗也提到。据《后汉书·严光传》载：严光与光武帝共卧，足加帝腹。太史奏：客星犯御座甚急。"元非"即原非。"太白"是指太白金星，又是李白自指。

诗的意思是说，严子陵不愿做光武帝的随从，归卧富春山，空钓一江碧流。我也像客星严光一样，毅然告辞皇帝，并不是太白金星醉卧扬州啊。

此诗写得空灵洒脱，既称颂了严子陵不事王侯的高风亮节，又表达自己效仿严子陵的无奈。同时也对同病相怜遭遇贬谪的崔侍御给予劝慰。"元非太白醉扬州"，即回应了崔诗"金陵捉得酒仙人"句。

尽管李白的桐庐诗不像有的纯粹写景诗那么通俗易懂，但多读多背含义自然会了然于胸。李白的桐庐诗为当年"唐诗西路"落户桐庐重重地助了一臂之力。在今天打造钱塘江诗路文化带富春江核心区的背景下，我们应大大弘扬李白诗歌中的桐庐元素。

水边斜扦一渔竿

白居易（772—846），字乐天，号香山居士，河南新郑（今郑州新郑）人，5 岁开始学诗，9 岁就能辨音韵。16 岁时就写出了"离离原上草，一岁一枯荣；野火烧不尽，春风吹又生"这样的名句。

799 年，白居易高中进士，是最年轻的一位。所谓"三十老明经，五十少进士。"唐朝进士极难考上，每次录取不超过 30 人。无怪乎他的学长，穿着"慈母手中线，游子身上衣"，46 岁的进士孟郊喜不自胜，欣喜若狂，写诗《登科后》："春风得意马蹄疾，一日看尽长安花。"白居易 28 岁中进士，比孟郊提前了近 20 年。也在大雁塔留言："慈恩塔下题名处，十七人中最少年。"

白居易有"诗魔"和"诗王"之称，和元稹并称"元白"，和刘禹锡并称"刘白"，与李白、杜甫齐名。他早年热心济世，强调诗歌的政治功能，并力求通俗，所作《新乐府》《秦中吟》共六十首，确实做到了"唯歌生民病""句句必尽规"，与杜甫的"三吏""三别"同为著名的诗史。长篇叙事诗《长恨歌》《琵琶行》则代表了他艺术上的最高成就。中年的他在官场中受了挫折，"宦途自此心长别，世事从今口不开"，从此"躺平"，寄情山水，写

白居易像

了许多闲适诗，表现出淡泊平和、闲逸悠然的情调。晚年好佛，因而人称诗佛，又自号乐居士。他一生作诗很多，以讽喻诗最有名，语言通俗易懂，被称为"老妪能解"。

长庆二年（822），白居易任杭州刺史。任期不长，却为杭州百姓做过许多好事，杭州西湖至今有纪念他的白堤。西湖山水到处都留下了他的足迹和诗篇。《钱塘湖春行》是白居易西湖诗词中比较有名的一首：

孤山寺北贾亭西，水面初平云脚低。

几处早莺争暖树，谁家新燕啄春泥。

乱花渐欲迷人眼，浅草才能没马蹄。

最爱湖东行不足，绿杨阴里白沙堤。

全诗生动地描绘了诗人早春漫步西湖见到的明媚风光，让人感觉春光的难得与宝贵。这首诗不但描绘了西湖旖旎的春光，以及世间万物在春色沐浴下呈现出的勃勃生机，而且将诗人陶醉在这良辰美景中的心态和盘托出。

白居易和桐庐诗人徐凝关系非同一般。他任杭州刺史时，徐凝曾专程前往杭州开元寺拜访。当时寺院内牡丹一片盛开，美艳得令人惊叹。徐凝忍不住当场题诗：

此花南地知难种，惭愧僧闲用意栽。

海燕解怜频睥睨，胡蜂未识更徘徊。

虚生芍药徒劳妒，羞杀玫瑰不敢开。

惟有数苞红萼在，含芳只待舍人来。

令徐凝想不到的是，他正题诗时，也是专程前来赏牡丹的白居易已站在了他身边。诗刚题完，白居易马上鼓掌叫好。徐凝转头看，见是旧时相识、今日的杭州刺史白大人，自是喜出望外。两人赏完牡丹，白居易便邀徐凝一起喝酒谈心。说到那些长安往事，又说到白居易几年前被贬江州，两人皆唏嘘不已。当年在长安时，徐凝曾和白居易一起看过牡丹花，当白居易后来被贬为江州司马时，徐凝曾写过一首《白司马》，回忆当年观赏牡丹的情景：

> 三条九陌花时节，万户千车看牡丹
> 争遣江州白司马，五年风景忆长安。

这次能在杭州巧遇白居易，徐凝倍感亲切，心情也是格外好，话说到知无不言，酒喝到一醉方休。

白居易离开杭州前，还约睦州刺史李郎中一起到徐凝家看望这位老朋友，并且一同游施肩吾故居。留下了《凭李睦州访徐凝山人》诗。

白居易曾游览过富春江和钓台，并在留宿桐庐，有《宿桐庐馆同崔存度醉后作》：

> 江海漂漂共旅游，一樽相劝散穷愁。
> 夜深醒后愁还在，雨滴梧桐山馆秋。

在旅途中夜宿桐庐馆驿，白居易与好友崔存度同饮后写下这首诗，前联说我们都是四海漂泊的人，相互多干几杯吧，这样便会驱散离乡的愁思。后联"夜深醒后愁还在"。但在夜深人静后人醒了酒也醒了，乡愁依旧萦绕在心头，"雨滴梧桐山馆秋""秋"不仅点出了时令，秋更是多乡愁的季节，何况秋雨打在梧桐叶上，一声声都拨动着游子愁思的心弦。此诗以景语结尾，景中有情，情寓于景，写出了诗人在旅途中的离愁别绪。

白居易对桐庐留下很好的印象，非常流连桐庐风光，依恋严子陵钓台。在洛阳写过《家园诗》和《新小滩》二首诗。《家园诗》诗云：

> 沧浪峡水子陵滩，路远江深欲去难。
> 何似家池通小院，卧房阶下竿渔竿。

又《新小滩》诗云：

石浅沙平流水寒，水边斜扦一渔竿。

江南客似生乡思，道似严陵七里滩。

他在洛阳过着半官半隐的生活。什么不好学，偏要在园中弄个小池小滩的，斜扦一渔竿，品品严子陵钓鱼的滋味。

从白居易一生仕途看，虽多为官，但总不顺利，老是处于一种忧愤不安的状态中。作为一个诗人，却成就极大，可以说名动朝野，甚至妇孺皆知。不言而喻，白居易诗对后代诗歌产生的重大而深远的影响，白诗将永远受到人们的喜爱，流传千古。

白居易《白香山诗集》

夜泊桐庐寄诗情

杜牧，生于公元803年（803—852），字牧之。京兆万年（即今陕西西安人）。唐代杰出的诗人、散文家，与李商隐并称"小李杜"。会昌六年九月（即846年9月），杜牧从安徽池州迁任睦州刺史，那年他44岁。唐朝时，睦州又名新定郡，管辖建德、桐庐、分水、淳安、寿昌、遂安六县，治所在建德。就在大中二年（即848年）八月，杜牧终于接到内升为司勋员外郎、史馆修撰的新任命。九月初，杜牧即由睦州乘船启程赴长安就任新职。在睦州前后约两年时间。

杜牧像

848年9月，正值秋季，杜牧从睦州州治建德出发回长安，他乘船顺水而下，达到桐庐停靠过夜，写了一首题为《夜泊桐庐先寄苏台卢郎中》的诗。

水槛桐庐馆，归舟系石根。

笛吹孤戍月，犬吠隔溪村。

十载违清裁，幽怀未一论。

苏台菊花节，何处与开樽。

　　这首诗的大意是这样的，金秋的夜晚，明月高悬，杜牧所乘的船静静地停泊在桐庐富春江畔。住在桐庐馆的杜牧靠着临水的栏杆，望着被薄暮笼罩着的桐江夜色，陷入了沉思，想起了远方的朋友。暮色里，江面上传来了使人生发愁思的笛声，富春江对岸传来的狗叫声更是增添了杜牧的陌生感和江南月下的孤寂感，反映了杜牧想急于见到远在苏州的朋友卢郎中的迫切心情。诗中"清裁"二字是杜牧对朋友卢郎中的尊称，"幽怀"则表示杜牧衷心、深情的内心情愫。这个时候的杜牧因仕途失意，长期漂泊南方，毕竟十年没有能够与朋友见面了，内心的情感真的不能一一详述，只能憧憬着在回长安的途中，在姑苏台的重阳节上，与朋友卢郎中见上一面，举杯畅饮。想到这里啊，诗人的心情不禁舒畅了开来，与《睦州四韵》诗的心境极为吻合。真可谓"何处与开樽""中酒落花前"呐！

　　杜牧这首诗，情景交融，浑然一体，清幽的环境渲染着杜牧孤寂的心情，表达了杜牧对朋友的深切思念，同时也含蓄表达了杜牧对自己回京城长安新任的向往和憧憬。

　　杜牧从小非常聪明，可以称得上是个"学霸""神童"。他不仅书读得好，而且对军事时政很感兴趣，十几岁的时候，在读书之余，还专门研究过孙子，小小年纪写了十三篇关于《孙子》的注解，后来还写过许多策论咨文。杜牧不仅文学素养高，而且政治才华出众。

　　杜牧 20 岁时，已经博通经史，尤其专注于治乱与军事。杜牧 23 岁作《阿房宫赋》。此时的杜牧作品流传，已经很有名气了。

　　公元 828 年，26 岁的杜牧进士及第，被授予弘文馆校书郎。弘文馆相当于现在的秘书处。校书郎是官名，掌校典籍，订正错误，相当于现在的编审终审之类的文职。

　　公元 842 年，杜牧被外放为黄州刺史。杜牧自己认为是受到了宰相李德裕的排挤。李杜两家为世交，而宰相李德裕为何不喜欢杜牧？有一种观点认为是杜牧为人偶傥，不拘小节，与李德裕的理念不合；而且当时"牛李党争"

较为激烈，杜牧与牛僧孺私交甚好，可能被李德裕认为是"牛党"。后来，杜牧调任池州、睦州、湖州刺史。

杜牧每到一地，主政一方，兴利除弊，关心民生，深受当地百姓的爱戴。宋代名臣范仲淹知桐庐郡时，写下了著名的《潇洒桐庐郡十绝》，其中第五首是这样写的："潇洒桐庐郡，家家竹隐泉。令人思杜牧，何处不潺湲。"范仲淹引用了杜牧《睦州四韵》中"无处不潺湲"的诗句。杜牧在做睦州刺史的时候，写有《睦州四韵》，全诗如下：

> 州在钓台边，溪山实可怜。
> 有家皆掩映，无处不潺湲。
> 好树鸣幽鸟，晴楼入野烟。
> 残春杜陵客，中酒落花前。

睦州州治在建德。所以，杜牧诗一开头就说"州在钓台边"，在距离桐庐富春山严子陵钓台不远的地方，这里的山水惹人怜爱。

远处的人家掩映在绿树丛中，若隐若现，溪水遍布山石之间，潺潺流淌。

小鸟在茂密的林中不时地啼叫，晴光中的小楼上萦绕着缕缕野烟。

暮春时节的我客居于此，真被这美景陶醉了，就好像喝醉了酒，倒在了落花前。

对于杜牧的这首诗，古人评价较高，元朝初年方回在《瀛奎律髓》一书中说"轻快俊逸"。纪晓岚则认为是"风致宜人"，结尾两句"结得浅淡有情"。从这首诗里，我们可以深切地感受到杜牧对睦州山水的赞美。睦州锦峰秀岭，江水清澈如练，风景如画，杜牧见景生情，借景抒情。睦州的"溪山实可怜"，这里的山山水水让人赞叹不已。杜牧仰慕严子陵先生"云山苍苍，江水泱泱。先生之风，山高水长"的高风亮节。所以，杜牧认为他能在睦州为官一任，感觉也是醉了，原先的种种"不如意"因此全部抛到了九霄云外，心情达到了净化和释放。

我们知道，杜牧自从会昌二年（842）春离开京城长安，在黄州做刺史两年多，迁到安徽池州做刺史又是两年，到会昌六年（846）秋冬之间，再迁睦州。这时他离开故乡已经五年多了，并且是一路往东走，距离京城长安是越来越远了，所以他的乡思越发浓厚起来。在上任的路上，杜牧写了一首诗，表达了他的思乡之情：

无端偶效张文纪，下杜乡园别五秋。

重过江南更千里，万山深处一孤舟。

张文纪即张纲，是东汉时人，曾上书弹劾奸臣，结果没有扳倒奸臣，反而被奸臣打败，贬为广陵太守。杜牧自比张纲，意思是说，他也是因为性情刚直，得罪权臣，而遭到排挤，被贬出守他乡远郡。

据史料记载，杜牧这次来睦州上任，走的是水路。他先从安徽池州乘船沿长江东行到达润州（即今天的镇江），然后转运河南下，经过杭州，再由富春江溯江而上。由此可知，杜牧进入睦州地界的第一站就是桐庐，有没有在桐庐作短暂停留不得而知。由于路途遥远，舟旅辛苦，来到"奇山异水，天下独绝"的桐庐，来到了一个新的工作环境，想必杜牧一定会有别样的感慨。在东下的路上，有时会陷入非常危险的境地。杜牧在《祭周相公文》一文中曾这样回忆道："东下京江，南走千里。曲屈越嶂，如入洞穴。惊涛触舟，几至倾没。"路上非常危险，几次差一点翻船淹死。到了桐庐以后，杜牧觉得有一种"到家"的安全感。

杜牧 44 岁来睦州任刺史时，是从桐庐进入睦州的。两年以后，他赴京城长安任新职，又是从桐庐离开睦州的。桐庐，对于杜牧的这次睦州任职之旅，自然赋予了特殊的意义。在夜泊桐庐，即将离开时写下了《夜泊桐庐先寄苏台卢郎中》这首诗，抒发了杜牧对友人、对桐庐的深厚情意。

春晚有你

虎年春晚,《忆江南》以《富春山居图》为蓝本,运用现代科技,多位艺术家在舞台用朗诵、舞蹈、音乐等表演艺术,将桐庐山水、诗词、书画等演绎得淋漓尽致。

《富春山居图》画卷徐徐展开,移步换景,"行者"冯远征一颦一笑间,晚唐诗人吴融的《富春》惊艳全国亿万观众:

> 天下有水亦有山,富春山水非人寰。
>
> 长川不是春来绿,千峰倒影落其间。

吴融,字子华,越州山阴(今浙江绍兴)人。吴融从僖宗咸通六年(865)开始参加科举,到龙纪元年(889)中举时已经四十岁了。登第后他先是随韦昭度入蜀平乱,无功而返;回到朝廷曾官至侍御史,又遭人谗言,被贬荆南;乾宁三年(896)召回京城任礼部郎中,后入充翰林学士,官至中书舍人;天复元年(901)遇朱全忠作乱,逃出京城,流落阌乡;天复三年(903)才再度被召回任翰林,迁承旨,卒于任翰林承旨任上。

吴融交游很广,与晚唐桐庐诗人方干相交好,有《赠方干处士歌》。他曾受浙东观察使王龟之托,草拟奏章向朝廷推荐方干。遗憾的是因王龟突然去世,此事搁浅。吴融多次途经或游历富春江,对桐庐山水情有独钟,《全唐诗》收录了他两首题为《富春》的诗作。一首七律《富春》云："水送山迎入富春，一川如画晚晴新。云低远渡帆来重，潮落寒沙鸟下频。未必柳间无谢客，也应花里有秦人。严光万古清风在，不敢停桡更问津。"吴融仕途并不顺遂，从诗中"不敢停桡"仰"清风"的内心独白上看，此作应在他官场几经浮沉的时候。这一意绪在他的《自讽》一诗中讲得更加明白："涂穷始解东归去，莫过严光七里滩。"

冯远征朗诵的七绝《富春》创作于他中举前后，早于七律《富春》。第一句，"天下有水亦有山"，网罗天下山水，起首直白，看似"无厘头"。但第二句紧扣首句，点题"富春"，"山水非人寰"。"人寰"即人间、人世。吴融用俚俗浅白语言，高度赞赏富春山水之美，那是人世间所没有的！同时期诗人韦庄的"钱塘江尽到桐庐，水碧山青画不如"（《桐庐县作》）、元人李桓的"天下佳山水，古今推富春"（《富春舟中》），与他这首诗的开头有异曲同工之妙。

接着，诗人用两句写实来印证他提出的"富春山水非人寰"。"长川"，也就是说富春江啊，它的绿不是春天才会有，也非春色染就。为什么呢？"春来江水绿如蓝"，白居易在《忆江南》中曾经这样形容桐庐江水澄澈；吴均在《与朱元思书》中这样描写："水皆缥碧，千丈见底。游鱼细石，直视无碍"。山是绿的，水是清的，两岸的叠嶂层峦（千峰）"倒影落其间"，水山共色，水的绿自然不是春天才有。置身这等山水之间，从流飘荡，人景相融，岂不心旷神怡！全诗先后两次用了否定词，"非"和"不是"，以强调富春山水天下独绝、与众不同。

在前不久县委县政府组织的"忆江南·文化赋能共同富裕研讨会"上，春晚《忆江南》策划、北师大文学院教授康震曾作过主旨发言。他肯定了桐庐古诗词数量之丰，"光目录就55页"，说明康教授比较全面地阅读了《桐庐古诗词大集》。而吴融的七绝《富春》能7000多首古诗词中脱颖而出，可见吴融作为一个唐末接轨宋元的桥梁式诗人，在文学史上具有无法取代的地位及价值，七绝《富春》无疑是众多桐庐古诗词中的代表作、佼佼者。

白居易说:"江南好,风景旧曾谙。日出江花红胜火,春来江水绿如蓝。能不忆江南?"(《忆江南》)康教授在桐庐感慨:"走进桐庐,又见江南!"

品读《富春》,我们"忆江南"。

2022 年春晚"忆江南"剧照

水碧山青说韦庄

韦庄（863—910），字端己，唐朝京兆杜陵（今陕西西安东南一带）人。早年屡试不第，乾宁元年（894）进士及第，曾经以左补阙宣谕两川。后来到王建幕府任掌书记。王建建立蜀国，一切礼册诏令都出自韦庄之手，以功绩累官吏部尚书同平章事，卒谥文靖。韦庄的长诗《秦妇吟》，反映战乱中妇女的不幸遭遇，在当时负有盛名，与《孔雀东南飞》《木兰诗》并称"乐府三绝"。韦庄不仅是唐末诗坛大家，也是著名

韦庄

词人，与温庭筠同为"花间派"代表作家，合称"温韦"。作品有《浣花集》6卷及《浣花词》1卷并传于世。

韦庄与桐庐的关系非同寻常，主要体现在两个方面。

一是韦庄以妙笔留华章，热情歌颂桐庐山水人文之美。其中最著名的一首是题为《桐庐县作》的诗：

钱塘江尽到桐庐，水碧山青画不如。

白羽鸟飞严子濑，绿蓑人钓季鹰鱼。

潭心倒影时开合，谷口闲云自卷舒。

此境只因词客爱，投文空吊木玄虚。

我们对桐庐的评价是"诗乡画城""诗画桐庐"，高度赞美桐庐城乡是如诗如画，美不胜收。但韦庄的这首七律中，首联的"水碧山青画不如"，就说桐庐的山水比画还要美，没有比这里更美的景色了，桐庐的美，美到了极致。诗句把桐庐清绝优美的山水风光，既简洁明快又生动形象地描绘了出来。一直到现在，在桐庐的旅游宣传语中，这句诗可以称得上是使用频率最高的。

　　诗的第二联紧接首联，用"季鹰鱼"的典故，说白羽纷飞的严陵滩，是个很好的归隐之地，既描写了景色，又交代了严子陵隐钓富春山的故事。第三联则直接写景，远近相合、山水相融、动静相谐、虚实相生，似真似幻，恍若仙境。尾联收束全诗，说面对如此"画不如"的美景，诗人词人当然喜爱，他也忍不住写下这首诗来凭吊前辈大文豪了。

　　根据韦庄生平，《桐庐县作》一诗应写于光启四年（888）。这一年他因避战乱而到石头城（南京）小住，又南下经当涂县到苏州、下湖州、经桐庐县，向东到绍兴、宁波。一路行来，都有诗作。

　　单单从这首《桐庐县作》就可以看出韦庄对桐庐之山水人文的喜爱之情，这其实也是大多数文人墨客共同的想法。

　　二是韦庄与桐庐晚唐诗人方干的关系，为方干等人奏请追赐进士。方干是桐庐晚唐时的著名诗人，人称"官无一寸禄，名传千万里"，虽然一生都没做官，但名气非常大。韦庄是方干的弟子。方干于唐咸通四年（863）赴京赶考，成绩优良，却因为缺唇相貌丑而落第了。后来浙东廉访使王龟知道方干有才气，并且为人耿直，想要推荐他去谏署任职，当时的推荐书就是由韦庄（一说吴融）写好上呈的。后来因为王龟生病离世，方干去谏署任职的事最终没有成功。方干也是布衣终身。唐光化三年（900），当时任左补阙的韦庄就奏请朝廷恩准，追赐方干等十人为进士出身。宰相张文蔚又出面奏请，追赐方干为左拾遗。这两件事，对逝者方干足以聊慰诗魂，对其弟子及后裔也是莫大的安慰。根据《全唐文卷八百八十九》收录韦庄撰写的《乞追赐李贺皇甫松等进士及第奏》："词人才子，时有遗贤。不沾一命于圣明，没作千年之恨骨……俱无显遇，皆有奇才。丽句清词，遍在词人之口；衔冤抱恨，竟为冥路之尘……俾使已升冤人，皆沾圣泽；后来学者，更励文风。"所以方干生前好友孙郃对韦庄奏请追赐方干一事，深表赞赏。他在《哭方玄英先生》诗中最后一句就是："犹喜韦补阙，扬名荐天子。"

　　韦庄为了没有通过或没有参加科考，但作品和能力都有一定社会影响的人奏请追赐这一件事，后世评价至少有三个方面的意义：首先体现了韦庄对当时科举考试选拔人才过程中"重试卷轻能力"这种弊病的纠正；其次是将选才仅以评判试卷为标准，扩大到与文化人能力相关的作品和社会影响上；第三，从选才目的上，由单方面为朝政负责，转向兼顾为考生个人发展着想。

　　韦庄一生，诗词无数。现存的374首中，明确写桐庐的虽然只此一首，但已足够我们骄傲和自豪了，因为毕竟是"水碧山青画不如"啊。

柳永但说桐江好

柳永（约984—约1053），福建崇安人。原名三变，字景庄，因排行第七，又称柳七；后改名柳永，字耆卿。北宋著名词人，婉约派代表人物。

柳永出身官宦世家，年少时学习诗词，有功名用世之志。咸平五年（1002），柳永离开家乡，流寓杭州、苏州，沉醉于听歌买笑的浪漫生活之中。柳永进京参加科举，屡试不中，于是就一心填词。这其间还有一个故事。

公元1017年，柳永科考落第，他还填词道："富贵岂由人，时会高志须酬。"但又一次科考榜上无名后，他便写了一首《鹤冲天》，里面有"才子词人，自是白衣卿相""忍把浮名，换了浅斟低唱"的句子。意思是说：考不上进士，做不成官，也没什么关系啊，只要有才能，我就是一个不穿朝服的官员；那些虚浮的名声有什么用，还不如把它换成喝酒、唱歌、作词的生活呢！这本来是一个失意读书人背后的小牢骚，但他的这首牢骚词却是不胫而走，那美丽的词句和优美的音律征服了太多人，覆盖了当时所有的官家和民间的歌舞晚会，后来居然还传到了宋仁宗的耳朵里。这不是非议科举取士的国家基本制度吗？仁宗一听大为恼火，就牢牢记住了这首词和作者的名字。又过了几年，柳三变又一次参加科举考试并通过了，宋仁宗看到"柳三变"这个名，就想起了那首《鹤冲天》，就在旁批道："且去浅斟低吟，何要浮名？"把他的名字给划掉了。于是他自我解嘲地自称"奉旨填词柳三变"。

直到景祐元年（1034），柳三变改名柳永，才终于及第，并于景祐二年至四年任睦州团练推官。后来以屯田员外郎致仕，故世称"柳屯田"。

柳永是第一位对宋词进行全面革新的词人，也是两宋词坛上创用词调最多的词人，以适俗的意象、淋漓尽致的铺叙、平淡无华的白描等独特的艺术个性，对宋词的发展产生了深远影响。

他的《满江红·桐川》，是一首反映桐庐山川绝美的词。让我们一起来欣赏：

144

暮雨初收，长川静、征帆夜落。临岛屿、蓼烟疏淡，苇风萧索。几许渔人飞短艇，尽载灯火归村落。遣行客、当此念回程，伤漂泊。

桐江好，烟漠漠。波似染，山如削。绕严陵滩畔，鹭飞鱼跃。游宦区区成底事，平生况有云泉约。归去来，一曲仲宣吟，从军乐。

这首词应该是作者赴任睦州团练推官时所作。抒写了词人自己仕途失意，渴望归隐的心情；特别是描绘了暮雨初收后的桐庐江上烟波萧索的景色，向来为人所称道。

"暮雨"三句写雨后天暗，江水澄静，船落帆停泊于江岸。"临岛屿"三句为所见所感，对面岛屿上，水蓼疏淡如烟，苇风萧索凄清。以上这几句写傍晚泊船情景，以静态描写为主，写出自己的落寞之情。从"几许渔人飞短艇"开始，词境开始转为动态：在夜色中，不知有多少渔人们驾着的小舟，只见灯火闪烁，在黑暗中向前飞行，匆匆回到村落中去。这里的一"飞"一"归"，表现出渔人们带着一天的劳动成果回家的喜悦心情。两相比较，一静一动，一落寞一喜悦，更加反衬出在外漂泊者的孤独和凄苦，这样就很自然地过渡到上阕结句："遣行客、当此念回程，伤漂泊"三句。"回程"指由原路回去。渔人的家庭生活的欢乐，使作者更加感到自己的漂泊之苦，也应该回到正途上才是。什么是回程？是此去赴任仕途？抑或别的？

整个上阕分为两段，前半段写景，后半段抒情，情景交融，浑然一体。

过片几句，句子精练，词调短促，对仗工整，语意连贯，从烟、波、山着笔，可以说是言简意丰，十分传神。桐江江面上烟雾缭绕，水波好似被颜料染过一般明亮，山崖又如同被刀削过一样峻峭；船过子陵滩，只见白鹭飞翔，鱼虾跳跃，真是自然万物共生和乐。然而人呢？"游宦"二句，情绪低抑，发出哀叹：游宦生涯竟是一事无成，更何况平生就有云泉之约，自然便兴起归隐云山泉石的意念。这里，眼前所见的桐江美丽景色，与心中所想自身不得志的经历和抑郁情绪形成强烈反差，自然就由缅怀古代的严光，过渡到自己也渴望归隐的感叹来结尾。

但对结句的理解，多有不同说法。柳永51岁中进士，52岁来任职，刚当上官就要归隐，于情于理似乎都不太说得通；根据他老家福建地方志记载，当时睦州太守吕蔚非常赏识柳永的才能，曾向朝廷举荐升官，那么柳永应该是位卑而功显，很得上司赏识的；再结合柳永此行是任睦州团练推官一职，是负责睦州府军训和防御的辅佐官，与王粲随曹操西征张鲁的经历都是与军事相关，那么就有了比较合理的解释："归去吗？还是像王粲那样施展抱负吧，在睦州团练推官任上干出一番事业来。"

下阕写桐江一带的奇山异水，与自己的一事无成，引发词人心生归隐的愿望，与建功立业施展抱负之间的矛盾心理，和上阕情绪一脉相承。但最终是积极的心态占据了上风，在全词沉郁的感情基调上呈现一抹亮色。

这首词所描写的桐江好景，是远近高低错落有致，又动静结合，真是美不胜收。但写景为抒情服务，在抑扬有致的节奏中表现出激越的情绪，从泊舟写到当时的心绪，再从舟行写到日后的打算，情景兼融，情感矛盾而渐定，脉络多变而清晰，读来感觉委婉曲折、荡气回肠。

柳永一生，政治上极不得意，死后由别人出钱安葬，景况极为凄凉。但南宋叶梦得评价柳永为："凡有井水处，皆能歌柳词。"妥妥的词坛明星、实力派文学网红。词人如斯，夫复何求？

范仲淹与潇洒桐庐

我们都知道，因为范仲淹，桐庐有了流传千年的"潇洒桐庐"美誉，而范仲淹也获得了"范桐庐"的别名。范仲淹与潇洒桐庐的千古佳话，不得不说。

一、"第一流人物"范仲淹

范仲淹（989—1052），字希文，苏州吴县人。北宋杰出的思想家、政治家、军事家、文学家。此外还有教育家、经济学家等多个称号。谥号文正，世称范文正公。

范仲淹一生坎坷，两岁丧父，随母改嫁山东朱文翰更名朱说。从小刻苦读书，慨然立志于天下。留下"划粥断齑"等多个故事。27岁中进士后相继任安徽广德军司理参军、江苏西溪盐仓监官、兴化县令等职，并求改回原名。仕途坎坷，四上四下。四次在朝廷为官，

范仲淹像

十余次在地方任职，并赴西北御敌，后官至参知政事（副宰相），主持"庆历新政"，因而范仲淹也可称改革家。遭遇失败后主动请求离京，再次到多个州任职，直至去世。其名言"不以物喜，不以己悲""居庙堂之高则忧其民，处江湖之远则忧其君""先天下之忧而忧，后天下之乐而乐"影响深远。

范仲淹是一位上至帝王将相，下至平民百姓，更别说文士雅士一致推崇的圣贤级人物，被朱熹誉为"第一流人物"。

二、出知睦州（桐庐郡）

宋仁宗景祐元年（1034），在朝廷担任右司谏的范仲淹因极言"郭后无故不可废"，第二次遭遇贬谪，出任睦州知州。睦州当时辖桐庐、分水、建德、寿昌、淳化、遂安6县，即今桐庐、建德、淳安三地。睦州其时别名桐庐郡，范仲淹喜用桐庐地名。他从正月出发，一路顺颍河、淮河而下，经钱塘江富春江而上赴州府所在地三江口（今梅城）。写下《赴桐庐郡淮上遇风三首》《出守桐庐道中十绝》《钓台》等诗。在桐庐郡期间范仲淹公务之余寄情山水，吟诗作文，写下一生近六分之一作品。范公在睦州留下三件文化大事两件发生在桐庐县境内，给桐庐留下巨大的文化财富。

三、范仲淹与严子陵、方干

范仲淹在睦州短短的半年时间里，修建龙山书院、建严子陵祠堂并作记、二访方干故里并留诗。后两件均在桐庐县境内，对桐庐人文历史影响颇大。

东汉高士严子陵（严光）"不事王侯，高尚其事"的高风亮节，深深影响着范仲淹。崇尚先贤是范仲淹的一贯作风。"为使贪夫廉，懦夫立，是大有功于名教也"，范公首次以州府名义修建祠堂，并亲撰《桐庐郡严先生祠堂记》，盛赞："先生之风，山高水长。"从此，"往来桐江船，必拜严子祠。"

方干是晚唐诗人，家住白云源（今芦茨湾），布衣一生，诗名显著。范仲淹曾两次到访方干故里，写有三首诗，称赞方干"幽兰在深处，终日自清芬。"此事对方干后裔激励作用巨大，两宋芦茨一村共出"十八进士"。

范公建严先生祠堂时，绘方干像配祀。后人称此祠为严方范祠。南宋项安世诗曰："山高水长子陵节，桐庐潇洒范公诗。又吟处士清新句，蝉曳残声过别枝。"将相隔千百年各具时空的三位先贤相会在一起。

四、横空出世《潇洒桐庐郡十绝》

潇洒桐庐郡，乌龙山霭中。使君无一事，心共白云空。

潇洒桐庐郡，开轩即解颜。劳生一何幸，日日面青山。

潇洒桐庐郡，全家长道情。不闻歌舞事，绕舍石泉声。

潇洒桐庐郡，公余午睡浓。人生安乐处，谁复问千钟。

潇洒桐庐郡，家家竹隐泉。令人思杜牧，无处不潺湲。

潇洒桐庐郡，春山半是茶。新雷还好事，惊起雨前芽。

潇洒桐庐郡，千家起画楼。相呼采莲去，笑上木兰舟。

潇洒桐庐郡，清潭百丈馀。钓翁应有道，所得是嘉鱼。

潇洒桐庐郡，身闲性亦灵。降真香一炷，欲老悟黄庭。

潇洒桐庐郡，严陵旧钓台。江山如不胜，光武肯教来。

十几年来，我持续研读这组诗，写了一系列文章。从理解赏析到分析美学价值再到探究诗中表达的社会观，从艺术性和思想性全面给予阐释。概言之，即"独一无二的气势美、生动可人的画面美、山水清音的韵律美、曲折迂回的结构美、令人回味的意境美、积极乐观的人格美"和"天人合一的生命观、自然和美的生态观、安居乐业的生活观、因地制宜的生产观、人文传承的生息观"。从这组诗我还窥见一轴"生态好、生活美、产业旺、文化兴、文明起"的千年之前的美丽乡村画卷。时间关系，不再展开，感兴趣的听众可以上网查阅相关文章。

从"潇洒桐庐"到"中国画城·潇洒桐庐""诗乡画城·潇洒桐庐"，再到"潇洒桐庐郡，中国最美县"，真正体现桐庐的县域和城市品牌，"蕴含着独特的山水禀赋、深厚的人文积淀和与时俱进的时代元素"。顺便说一下，桐庐郡过去是睦州的别名，范公笔下的桐庐也是一个大桐庐的概念，但随着时间的推移，逐渐缩小到桐庐县的范围了，今日我们把郡、县并用，完全符合桐庐实际。

东坡健笔赞桐庐

苏轼（1036—1101），字子瞻，号东坡居士，眉州眉山（今四川眉山）人。北宋著名政治家、思想家、文学家。宋嘉祐二年（1057）以《刑赏忠厚之至论》获主考欧阳修赞赏而中榜眼。苏轼为人洒脱出尘，学识渊博，在诗、词、散文、书、画等方面都取得了很高的成就。他的诗题材广阔，清新豪健，善用夸张比喻，独具风格，与黄庭坚并称"苏黄"；他的词开豪放一派，与辛弃疾同是豪放派代表，并称"苏辛"；他的散文著述宏富，豪放自如，与欧阳修并称"欧苏"，为"唐宋八大家"之一；他又擅长书法，为"宋四家"之一；他还工于绘画，尤其擅长墨竹、怪石、枯木等。作品集有《东坡七集》《东坡易传》《东坡乐府》等传世。

苏轼

苏轼一生有"三次在朝，十二次外任，八方太守，三次贬居"的复杂经历。曾先后两次到杭州做地方官，分别是熙宁四年（1071）做通判和元祐四年（1089）任知州。也多次到桐庐游览考察，写了好多赞美桐庐山水人文的诗词篇章。其中《送江公著知吉州》流传最广，特别是诗的前二联"三吴行尽千山水，犹道桐庐更清美。岂唯浊世隐狂奴，时平亦出嘉公子"，在桐庐称得上是妇孺皆知。

风光旖旎的江南"三吴"之地，也就是宋时的苏州、常州、湖州这一带，柳永有"三吴风景，姑苏台榭""东南形胜，三吴都会，钱塘自古繁华"等句。然而在苏东坡眼中，是"三吴行尽千山水，犹道桐庐更清美"，走遍三吴千山万水，不得不说还是桐庐的山水更加的清美。这评价不可谓不高。

紧接着，作者以用典、对比、对偶等手法，写出了这里的"人才辈出"："岂唯浊世隐狂奴，时平亦出嘉公子。"哪里是只有浊世才有狂奴严子陵隐居富春山的佳话，太平盛世更有美善之人。然后很自然地由此引出了江公著这一人物。

两联合在一起，就是说桐庐山水清丽，人文嘉美，把桐庐的"地灵人杰"具体形象化了。

苏东坡数次到桐庐，怎么可能不写钓台呢？我们不妨来看看他写钓台的诗和词。先看他的《过钓台》：

> 昔人垂钓今何在？此地空余百尺台。
> 山上云岚舒复卷，江中潮汐去还来。
> 昭昭令誉垂千古，耿耿清风播九垓。
> 回视寿陵何处是，夕阳翁仲卧钓台。

李白曾有古风："昭昭严子陵，垂钓沧波间。"而苏东坡此诗的第三联就是"昭昭令誉垂千古，耿耿清风播九垓"，可见他对严子陵"不事王侯，高尚其事""视富贵如浮云"的高尚品德是由衷赞赏的。并且尾联还把钓台与帝后生前预筑的"寿陵"相比，钓台之迹永在，而寿陵何处可寻？

苏轼写桐庐的词，也有《满江红·钓台》等多首，这里仅举《行香子·过七里滩》为例。

> 一叶舟轻，双桨鸿惊。水天清、影湛波平。鱼翻藻鉴，鹭点烟汀。过沙溪急，霜溪冷，月溪明。　　重重似画，曲曲如屏。算当年、虚老严陵。君臣一梦，今古空名。但远山长，云山乱，晓山青。

这首词，写于宋神宗熙宁六年（1073）二月。当时苏轼在杭州通判任上，他巡察富阳、新城，然后放棹桐庐，过七里濑时作。词中在对大自然美景的赞叹中，寄寓了看透名利、返璞归真、豁达自适的人生态度。

　　上片前六句描写清澈宁静的桐庐七里滩之美：一叶扁舟轻又巧，荡着双桨惊飞鸟；天碧蓝，水清幽，山色天光入江流。水中游鱼，在水藻间穿梭，鳞光闪动；江边白鹭，于沙洲上憩息，悠闲自得。"过沙溪急，霜溪冷，月溪明"三句，节奏明快。用蒙太奇手法，剪辑了三个不同时间的行舟之景，且一一抓住特点：沙溪，是白天沙衬之溪，清澈而急湍甚箭；霜溪，是清晓霜染之溪，清冷而洁净无瑕；月溪，暮夜月映之溪，明亮而晶莹闪烁。作者用简练的笔墨，素描的笔法，生动地描绘出眼前之景和心中之景，体现出作者热爱自然、热爱生活的情趣，也为下片抒写人生感慨作了铺垫。

　　下片开头由上片的江面之景转向夹岸的奇山异景，"重重似画，曲曲如屏"，让人想起清代诗人刘嗣绾《自钱塘至桐庐舟中杂诗》中的"一折青山一扇屏，一湾碧水一条琴"。由水到山过渡后，直接宕开，进入议论和抒情："算当年，虚老严陵。"又让人想起东汉初年刘秀与严子陵的故事，以及对严子陵拒仕垂钓的褒贬不一的评价。然而"君臣一梦，今古空名"，其实除了空名什么都没留下，表达出浮生若梦的感慨。那么什么才是永恒的呢？"但远山长，云山乱，晓山青。"只有大自然那不同的美才是永恒的。

黄裳与桐庐阆苑

黄裳（1044—1130），字冕仲，一字道夫，号演山、紫玄翁，北宋南剑州剑浦县（今福建南平）人。神宗元丰五年（1082）举进士第一。官至太常少卿权礼部侍郎。卒赠少傅，年八十七。著有《演山集》六十卷。他喜道家学说、玄秘之书，往往爱作尘外语。还奉旨监督雕刻刊版了被奉为道教经典的《政和万寿道藏》。小说中《九阴真经》的作者就是黄裳。

黄裳与桐庐的不解之缘，源于他少年时的经历。他十来岁时随宦游的父亲经过桐庐，他父亲见这里山川毓秀，民风淳朴，四周环境清幽，景色宜人，是一个安心读书的好地方，就把他寄寓在这里的禅定院中读书。

通过《严州图经》查阅南宋时的《桐庐县境图》，可以看出桐庐过浮桥埠经至德乡与质素乡向东北即进入新城县，是当时江北主要东西向陆路，也是睦州至杭州的交通要道。当时附近就分布着清泉院、禅定院、宝庆寺、云门院、觉度院、大明院、建兴院、建善院、净土禅院等一大批寺院，可见这里是一个重要的文化带和文化繁荣区。

地方旧志还载有一段轶闻，我们姑妄听之：黄裳在桐庐读书期间，一天夜里在禅定院中读书，忽闻哭声由远及近，极其悲戚。黄裳即命人前往询问，回报说是一女子欲投井自尽，幸亏及时被劝阻了。当夜深人静之时，又忽闻外面两人问答，一个问："你的替身找到没有？"另一个哭着说："本来已找到一个女子到这里，却又被黄尚书放走了。"黄裳听后推门大声呵斥，却并不见踪影。事情前后一对照，那人所说的"黄尚书"似乎就是指黄裳。而后来黄裳果然科考高中，且位及尚书。这似乎就是冥冥之中早有安排，而鬼神得以先知。

黄裳在这里禅定院和阆仙洞苦学十年，高中状元，以后就平步青云。据《续资治通鉴长编》和《宋会要辑录》载，黄裳一生历越州签判、校书郎、集贤校理、知顺昌府、太常少卿权礼部侍郎、知青州、知郓州落职提举杭州洞霄宫、知福州。

据黄裳《阆仙洞》云：大观己丑（1109）春，予自洞霄宫南还，道出密岩之下。（惠）文请为洞中游，因与予言："顷有卜者为文占云：'当有显官至，且度两弟子，由此遂为名刹。'今已度弟子，公复来，乃其兆乎！"予与文言："顷有异人道予自紫元洞游人间世。可于桥之西为予作紫元庵，他日于此栖养以度生。"文喜，不日而庵成，求予文。

于是，黄裳写了《阆仙洞十题》。

别处也有记载，黄裳成为显官后曾回桐庐，小住禅定院，并在和尚惠文陪同下重游阆仙洞。黄裳对惠文说："予至此洞十余载，释老子徒游寓甚众，多苦寂而去。"惠文答："清苦能化人，能磨炼人的意志，能出人才。贵人你在此磨炼十余年，不是显贵了吗？"进入阆仙洞，两人边看边谈。黄裳说："洞中诸物

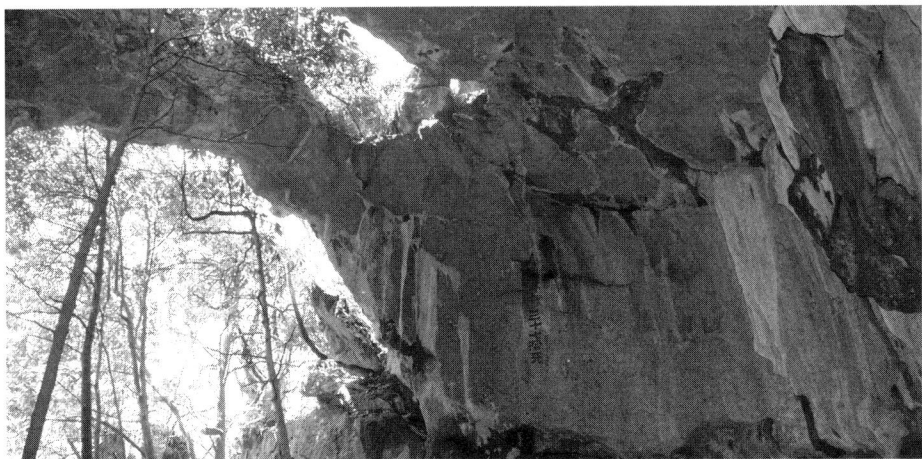

皆出天造，非人力所能为。若天池以时而盈虚，碧鸡以时而来去，巨蟾以时而鸣默，出洞之龙、坐禅之床、应击之鼓、跨空之桥，与物合真，与天同信，皆自然而然，非有待乎人。"游了阆仙洞出来，黄裳又对惠文说："异人道予自紫元翁游人间世，可与桥西为予作紫元庵，他日于此栖养以度余生。"惠文喜而应允，不日庵建成。后惠文要求黄裳留文纪念，黄裳就洞中之景物吟成十绝以赠。

出洞石龙

欲离岩洞欲拿云，造化难窥幻与真。

木马嘶风犹会道，况缘无作更通神。

入洞石龙

去卧仙源懒未安，未收鳞鬣半身寒。

时来好赴云雷会，休作游人一笑看。

石佛

地涌金镱一化身，是何年世洞中人。

有无禅语谁能问，到老机忘始绝尘。

石鼓

谁知玩物抱真空，自有声音与革同。

到此乐人还会否，桥西来问紫元翁。

石桥

跨起虚空亦自然，几千年度地行仙

桃花流水春风好，由此东西是洞天。

天池

千古岩腰一鉴泉，云霄何处问金仙。

盈虚更共潮来往，混沌中含洞与天。

傍洞

欲寻真处不容身，流水潺潺不见人。

云旆莫知来或往，门前谁为扫纤尘。

巨蟾

紫元名字广寒宫，但恐银蟾与此同。

探得石龙行雨信，一声岁报紫元翁。

碧鸡

翠碧笙簧羽与声，有诗离合不留情。

清虚本是仙家物，长向清风独自鸣。

青栗

枝叶凌云绿盖寒，乱藤因得到云端。

仙家手植无人会，谁信灵根石上盘。

这个阆仙洞，自黄裳题诗后，慕名来游的人一下子增加了很多。明代御史汪九龄有《阆仙洞》诗，洞内至今保存有宋、元、明、清摩崖石刻 19 方，都与黄裳相关。

八十岁时的黄裳又重游少年时期生活过的严州故地，并留下了《舟次严子陵濑》和《过严州同太守游乌龙寺》等诗。

清朝乾隆年间的《桐庐县志》记载，旧时禅定院、阆仙洞有紫元庵，皆以祀黄裳也。

桐庐处处是新诗

　　陆游，生于北宋宣和七年（1125），卒于南宋嘉定三年（1210），字务观，号放翁，越州山阴（今浙江绍兴）人。南宋著名文学家、史学家、爱国诗人。绍兴二十三年（1153），陆游进京参加恩荫子弟的进士考试，主考官陈子茂阅卷后取为第一，结果因为居秦桧的孙子之上，惹怒了秦桧，遭排斥；第二年参加礼部考试，因秦桧授意又未被录取。第三年秦桧病逝，陆游才得以进入仕途。后官至宝章阁待制，相当于皇帝的顾问。陆游一生笔耕不辍，诗、词、文俱有很高成就，特别是他的诗，语言平易晓畅、章法整饬谨严，兼具李白的雄奇奔放与杜甫的沉郁悲凉，尤以饱含爱国热情对后世影响深远，是著名爱国诗人。陆游一生写了几万首诗，自己说"六十年间万首诗"，现存有9300多首，内容多以收复中原、统一祖国、反对投降为主题，有《剑南诗稿》等传世。

陆游

　　陆游曾经在严州当过太守，所以访桐庐、游桐庐次数比较多，留下歌咏桐庐的诗词记文有20多篇。

　　陆游第一次写桐庐是在淳熙七年（1180）。当时他任江西常平提举，主管粮仓、水利等事务。因江西发生水灾，陆游就号令各郡开仓放粮，并亲

自"榜舟发粟";同时上奏朝廷告急,请求开常平仓赈灾。十一月,陆游奉诏进京,途经严州。因七里滩水浅无法行舟,便从陆路步行到桐庐,再坐船到杭州。他把在桐庐沿途的所见所闻,写成两首诗,其中有一首是这样写的:

> 桐庐县前橹声急,苍烟茫茫白鸟双。
>
> 乱山日落潮未落,胜绝不减吴松江。

在这首诗里,陆游认为桐庐的景色可称得上"胜绝",且不亚于"吴松江"。这个对桐庐的第一印象不错,不过还是需要用"吴松江"之美来比对。不过在另一首题为《闭阁》的诗中,诗人的说法就改变了:"闭阁孤城剩放慵,桐江清绝胜吴松。"桐庐江上的清绝之景,已经胜过了吴松江。

陆游集中写桐庐,是在淳熙十三至十五年(1186—1188)严州太守任上。陆游来严州前,孝宗皇帝赵昚就在延和殿接见他,并跟他说:"严陵,山水胜处。职事之暇,可以赋咏自适。"说严陵是山水景色绝佳的地方,你在公务闲暇,可以随意吟咏。

然而,他到严州后,却公务繁忙无暇游览,他写道:

> 桐君故隐两经秋,小院孤灯夜夜愁。
>
> 名酒过于求赵璧,异书浑似借荆州。
>
> 溪山胜处身难到,风月佳时事不休。
>
> 安得连车载郫酿,金鞭重作浣花游。

后来,他终于忙里偷闲,游富春江,泛桐溪,登桐君山,拜谒严子陵钓台,到过圆通寺、新会寺、觉度寺。可以说,当时桐庐所有的名胜之地,他都去游过,且多有诗作,通过多次游览,他对桐庐之美有了实地感受,认识深化,也更激起了对桐庐的深爱。他的《渔浦》就是心声的自然流露:

桐庐处处是新诗，渔浦江山天下稀。

安得移家常住此，随潮入县伴潮归。

诗人对桐庐已十分喜爱，爱得连家都要移来了。《渔浦》诗是陆游乘舟东归途中作的。由于他热爱桐庐，船到萧山时，在《萧山》一诗中又说："会向桐庐谋小筑，浮家从此往来频。"身到萧山而心念桐庐，可见诗人对桐庐的喜爱程度；与《渔浦》两相参照，对其"移家常住"的想法也就不难理解了。

陆游对桐庐的喜爱，还见诸《幽居春夜》："要知青梦游何许？不钓桐江即锦江。"《夏日感旧》："流年冉冉谁能驻，长夏巡迢亦已残。当有新船君贺我，西风先梦上严滩。"《即事》："钓鱼每过桐江宿，卖药新从剡溪回。人情万变吾何预，笑口何妨处处开。"类似的作品很多。在《幽居即事》中写自己的晚年生活理想，也是："采药鹿门山，钓鱼富春渚。君看此气象，何止辈伊吕。"

在游桐庐过程中，还有两件趣事值得一提。一件是他游览圆通寺后，看到这座唐代会昌年间兴建的胜迹，僧堂过于狭窄破败，就写了一篇《圆通寺建僧堂疏》，要求"营兹华屋，延我胜流"。另一件是，他多次登钓台谒严先生，看到严子陵祠堂颓败不堪，就主张修复，在后来写的《严州钓台买田记》中，他说明了原因："严，名城也。自大驾巡幸临安，以朝士出守者，与夫入对行殿，被临遣而来者，大抵多取道于富春，入谒亭下，有高山仰止之叹。而恨祠屋弊坏，椒桂不以时荐，往往咨嗟踌躇，久而后去。"同时也叙述了自己未能修复的遗憾："及其下车，则日困于簿书米盐将迎燕劳之事，忽焉忘前日之言。寒暑再更，复上车去，则又过祠下，负初心戴愧面而去者，袂相属也。"调离严州后，他始终把修建严先生祠堂这件事挂在心上，后来听到太守公孙豹重修了严陵祠，并为祠堂购置了田产，就非常高兴地写下此文以称道。

桐庐处处是新诗

四到钓台的范成大

范成大（1126—1193），字致能，号石湖居士，吴县（今江苏省苏州市）人。宋绍兴二十四年（1154）登进士第，官至礼部尚书、参知政事。南宋名臣、文学家、诗人。他在乾道六年（1170）以起居郎假资政殿大学士出使金国，不辱使命，全节而归，颇受时人赞赏。

他的诗题材广泛，以反映农村生活内容的作品成就最高。诗作风格清新，所作田园诗风格平易浅显、清新妩媚，影响尤其深远。与杨万里、陆游、尤袤合称南宋"中兴四大诗人"。其作品在南宋末年就产生了显著的影响，到清初影响更大，有"家剑南（陆游）而户石湖（范成大）"的说法。有《石湖居士集》《石湖词》等著作传世。

范成大先后 4 次游桐庐、登严子陵钓台，写有歌咏桐庐的诗词 11 首。

范成大第一次游桐庐登严子陵钓台是在绍兴二十九年（1159）。那年他 34 岁，已在徽州当司户参军 4 年了。范成大初登钓台，就写了一首《钓台》诗：

> 山林朝市两尘埃，邂逅人生有往来。
>
> 各向此心安处住，钓台无意压云台。

诗歌短短四句，内涵丰富、态度鲜明。无论是山林还是朝市，也无论是钓台或是云台，各自都向着心灵平和的地方去而已。此诗有人觉得意有所指，即末句与范仲淹《严陵祠》诗中"世祖功臣三十六，云台争似钓台高"看似观点相左。其实是从不同角度来推崇严子陵视富贵如浮云的山高水长之风。

范成大第二次登钓台是乾道五年（1169）。那年他在处州（今丽水）任上，宰相陈俊卿听闻他的才气，就把他召到杭州，荐除礼部员外郎。他在进京途中经过钓台，步前诗韵，又写了一首《重游钓台》：

> 溪色岚光绝点埃，十年游倦得重来。
> 簿书丛里身犹健，冒雨冲烟上钓台。

　　从这首诗看，此时的钓台之景，是"溪色岚光绝点埃"，真正写景的字不多，而主要是抒发自己的喜悦之情。十年之后重来，他是怀着"身犹健"的心情，"冒雨冲烟上钓台"的。如果说在前一首诗中作者还是个旁观者的话，那么在这首诗中，作者完全是入景入情，以主人翁姿态出现在诗歌当中了。

　　第三次登钓台是乾道九年（1173）。那年范成大自西掖出守桂林，于乾道八年（1172年）腊月七日，从家乡吴郡（苏州）出发，取道富春江，再次登钓台拜谒严先生。这次登严子陵钓台，在他的《骖鸾录》里有详细记载："（壬辰十二月）三十日，发富阳，雪满千山，江色沈碧。但小雾，风急，寒甚。披使金时所作锦袍，戴毡帽，坐船头纵观，不胜清绝。剡溪夜泛景物，未必过此。除夜行役、庙祭及乡里节物尽废。晚宿严州桐庐县。癸巳岁正月一日，已午间，至钓台。率家人子登台，讲元正礼，谒三先生祠。登绝顶，扫雪坐平台上，诸山皓然，冻云不开，境过清矣。臧获亦贪殊景，皆忍寒犯滑来登。始，予自绍兴己卯岁，以新安户曹，沿檄来识钓台，题诗壁间；后十年以括苍假守被召，复至，自和二篇；及今又四年，盖三过焉，复自和三篇。薄宦区区如此，岂惟愧羊裘公。见篙师滩子，惭颜亦厚。乃并刻数字于石虎柱间，而宿西口。"

而从这次诗的题目中，也可清楚看出：《乾道己丑守括，被召再过钓台，自和十年前小诗，刻之柱间。后五年自西掖帅桂林，癸巳元日，雪晴复过之，再用旧韵三绝》：

> 浮生渺渺但飞埃，问讯星宫又独来。
> 天上人间最高处，为君题作郁萧台。
>
> 拙疏何计补涓埃，惭愧双旌云复来。
> 三过溪门今老矣，病无脚力更登台。
>
> 界天山雪净黄埃，溪上扁舟夜泝来。
> 匝地东风劝椒酒，山头今日是春台。

范成大乾道八年在桐庐过除夕夜，乾道九年的年初一就带领全家冒严寒登钓台，并写下三首诗，可见他追慕严子陵心情之切。

在桂林任上，当登钓台后一周年时，范成大又特地写了一首回忆诗："甲午年（1174）朝寓桂林，记去年是日，泊桐江，谒严子陵祠，逶迤度岭，感怀赋诗。"

> 去年晓缆解江皋，千山封雪钓台高。
> 早晚扁舟寻归路，柁楼吹笛破云涛。

第四次登钓台是淳熙九年（1182）。这年他已56岁，在建康任上得病，5次上书，请解职退休回乡。这一次到钓台，范成大虽然因病不能登钓台，但他又写了2首，其中一首又是步原韵的《钓台》诗：

> 久矣心空客路埃，兹行端为主恩来。
> 杜陵诗是吾诗句，卧病岂登江上台。

说自己无意官场已经很久了，这次是为谢皇上重恩而经过这里。杜甫《醉时歌》中所说的"杜陵野客人更嗤，被褐短窄鬓如丝"，就是自己此时想说的，可惜不能再像年轻时那样健步登台了。

另一首是《桐庐江中初打桨》：

> 二十年前鬓未斑，下滩归路落潮干。
> 如今衰发三千丈，却趁潮平再上滩。

在这首诗中，作者回忆了23年前第一次登钓台的情景，而现在是"如今衰发三千丈"，把两次进行比较，感叹时光的流逝，但仍然"却趁潮平再上滩"，虽然不能登台，却以打桨上滩的方式，来表达心中的情绪。

另外，范成大还写有一首《酹江月·严子陵钓台》的词，也表达了他一贯的观点：

> 浮生有几？叹欢娱常少，忧愁相属。富贵功名皆由命，何必区区仆仆。燕幅尘中，鸡虫影里，见了还追逐。山间林下，几人真个幽独。　　谁似当日严君，故人龙衮，独抱羊裘宿。试把渔竿都掉了，百种千般拘束。两岸烟林，半溪山影，此处无荣辱。荒台遗像，至今嗟咏不足。

杨万里三到桐庐

杨万里（1127—1206），字延秀，号诚斋，吉水（今江西吉水）人。绍兴进士，先后在漳州、常州、广东任地方官。宁宗朝，官至宝谟阁学士。其诗初学"江西诗派"，后吸取民歌精华，选用口语俗语入诗，创造了语言浅近明白、清新自然、富有幽默情趣的"诚斋体"。著有《诚斋集》，为"南宋四家""中兴四大诗人"之一。他因老家是江西，往返京城多取道桐庐，所以游富春江和桐庐的次数比较多，留有歌咏桐庐的诗 11 首。

从杨万里现存诗作看，他到桐庐游富春江，第一次是在淳熙元年（1174）。那一年，他出知漳州，坐船从龙山出发，暮宿桐庐。其《甲午出知漳州，晚发船龙山，暮宿桐庐二首》其一云：

> 一席清风万壑云，送将华发得归身。
> 海潮也怯桐江净，不遣涛头过富春。

浙江之潮，无论早潮晚汐，都是逆江上涌，在富阳以下，潮涨时江水变咸，富阳以上却影响不大。因海潮奔涌而来，行百余里，至富阳界，已是强弩之末；再上行就是桐庐境内桐江界了，潮头不得上行，于是倒流而回。诗人用"海潮也怯桐江净，不遣涛头过富春"两句，说是因为桐江水太清澈明净，海潮都因此而胆怯，将富春江涌潮这种自然现象神化了。

第二天，他沿江而上，到钓台拜谒严先生，又写了题为《钓台》的诗：

> 钓台三千丈，将何作钓丝？
> 肯离山水窟，去作帝王师。

这首诗从表面上看，是对严子陵在高台上能否垂纶提出疑问，而其实是对当时不少当朝官员面对金人入侵置之不顾，而以"高蹈"自命的情况，委婉地提出批评。

第二次是淳熙五年（1178），他在常州任上，也来过桐庐，游过富春江，登过严子陵钓台。他写了一首《读严子陵传》：

> 客星何补汉中兴？空有清风冷似冰。
> 早遣阿瞒移汉鼎，人间何处有严陵。

这首诗粗粗读来，似乎不满严子陵之所为，其实不然。周汝昌先生对此诗评论说："严光鄙夷刘秀做皇帝，坚决不为封建统治者服务，隐居老死，本无可指摘，历来诗人题严陵钓台，多是备极景仰，在当时论来也用不着非议。作者却这样不赞成，并非是诗家好作'翻案'诗，以立异声耸听的意思，实是结合当时国家危急存亡之际，竟有一班士大夫忍心置国事不闻不问，以'高蹈'自命的情况，而加以尖锐讽刺。犹如说：'若国家都亡了，看你们这般高人还往哪里隐居垂钓去？'……并不是真有所不满于汉代严光的意思。"

第三次是光宗绍熙年间（1190—1194），杨万里在做京官时，又来游过一次富春江。他从杭州坐船出发向桐庐而来。船经富春江南岸柴埠，诗人见这里泥沙淤塞，沙滩增大增多，忧心忡忡地写了一首《柴埠滩》：

江阔水不聚，分为三五滩。

小沙已成洲，大沙已成山。

从此洲愈多，安得水更宽。

忆从严陵归，水落不能湍。

今兹过吾舟，念昔犹胆寒。

　　这位远离桐庐千里之外，又不在桐庐为官的江西人，却担心富春江日后会被泥沙淤塞。这的确是一种难能可贵、为他人他地着想的精神。

　　船至桐庐城，诗人见了这水碧山青画不如的县治周围景色，情不自禁地又赋诗《舟过桐庐二首》称赞道：

潇洒桐庐县，寒江缭一湾。

朱楼隔绿柳，白塔映青山。

稚子排窗出，舟人买菜还。

峰头好亭子，不得一跻攀。

后面山无数，南头柳更多。

人家逼江岸，屋柱入沧波。

老去频经此，重来更几何。

牛山动悲感，曾待板舆过。

　　这二首诗，从写作时间和写景内容都可看出，写的是桐庐城。第一首写出了船上所见的县城概貌和标志性建筑，并通过几个特写镜头反映市民生活。第二首先写景后抒情，写景直观、形象又传神；抒情时为什么"牛山动悲感"呢？关于牛山，有个典故：春秋时期，齐景公游牛山，北临其国城而流涕曰："若何滂滂去而死乎？"典故中的牛山在今山东淄博市，与杨万里所到的桐庐牛山相去甚远，但因名称相同，也

潇洒桐庐县寒江缭一湾朱楼隔绿柳白塔映青山稚子排窗出舟人买菜还峰头好亭子不得一跻攀

宋杨万里舟过桐庐　金贵书

不免让诗人产生联想，感到自己已年老体衰，这次游后，下次不知能否重来，难免发人生短暂之叹。

紧接着，船到了漏港滩。漏港滩在七里滩之下，有上下两滩，江水经过这里的时候，湍急下泻，如水之漏注，所以又称"漏江滩"。三国吴黄武年间及隋朝仁寿年间，桐庐县治曾两度设在这里。唐武德四年（621）还设过严州府治，是古代桐庐县政治、经济、文化中心和交通要道。诗人到此游览，有一种怀顾之意。他写的《漏港滩》诗道：

> 此去严州只半程，一江分作二江横。
> 忽惊洲背青山下，却有桅樯地上行。

这首诗一是说桐庐地处去严州的中间地段，江面因漏港滩分隔而成为两条。船行南江，会惊奇地看到，沙洲的背后也即北边江面上也有行船，但看上去好像桅杆在陆地上行进一样。

杨万里三到桐庐，每次都留下诗作，特别是第三次，可以说是一路游来一路诗，为桐庐留下了宝贵的文化遗产。

南宋爱国志士谢翱

谢翱（1249—1295），南宋著名爱国诗人、志士，字皋羽，号晞发子，福建长溪人，后徙浦城。谢翱出生书香世家，幼承家学，素有大志，著有《春秋衍义》《左氏辩证传》《晞发集》《天地间集》等。南宋末年，蒙古南侵，宋室危亡，丞相文天祥起兵抗元，开府募兵于福建南平。谢翱时年 28 岁，国家危亡之际，他倾尽家资，募兵八百，以布衣从戎赴国难。投兵文天祥帐下，与文天祥结为莫逆之交，被任命为谘议参军，随文天祥转战闽、粤、赣等地，以忠勇血战，历经四月，后文天祥兵败被俘，谢翱只身流落江湖拒不降元，后谢翱隐居桐庐白云源芦茨村。公元

谢翱像

1295 年，谢翱患肺疾，不幸病逝于杭州，终年 47 岁。

一、隐居芦茨，组建汐社

南宋末年，蒙古铁骑大肆南侵。丞相文天祥起兵勤王抗元，兵败被俘，关押大都（今北京），始终坚贞不屈，以"人生自古谁无死，留取丹心照汗青"的千古绝句拒绝忽必烈招降，最后壮烈殉国。谢翱闻讯，悲不能禁，遂离妻别子，离闽入浙，隐姓埋名，往来与杭、睦、婺之间，结交结交宋遗民

邓牧、方凤、严侣、吴思齐等人，在桐庐芦茨村，组织成立"汐社"，以诗歌为武器，继续组织志士抗元。

芦茨村古称白云村，是唐代诗人方干故里。北宋名臣范仲淹曾访方干故里，对方氏后裔的崇学家风大家赞赏。有宋一代，芦茨村曾出了18位方姓进士，是一个文风很重的地方。宋末元初，芦茨村崇文重教的风气依然浓厚，谢翱便寄迹于芦茨村，从事私塾教育谋生。谢翱选择在芦茨村隐居，还有一个重要的原因：此地远离闹市，西北可上梅城、金华，东南可下桐庐、杭州，往东过马岭可以到浦江，地理偏僻，风光优美，进退可守，可广结同仁志士，远离官府追捕。

时南宋已经灭亡，谢翱作为一个文人，难以起刀兵抵抗元朝，但是在精神气节上，他宁死不降。元初，江浙各地还有大批南宋遗老，在精神上拒不降元。在谢翱的倡导下，他们从金华、睦州、浦江、桐庐、杭州各地汇聚芦茨村，成立了一个以诗歌为武器的文艺组织——汐社。为何要叫"汐社"？也是有深刻内涵的，因钱塘江潮水，每月十五日，如期上涌到钓台之下，便不再往上，月月守时守信。谢翱希望同仁志士们，勿忘国耻，要像钱江潮水一样守信，每月相聚与此，共商复国大计，体现了当时南宋爱国遗民志士们的深厚爱国情怀。

二、西台恸哭，矢志不渝

元至元二十八年（1291）十月，文天祥殉国十周年之际，谢翱暗邀吴思齐、严侣、方凤、冯桂芳等人登严子陵西台恸哭祭奠文天祥，并写下千古爱国名篇《登西台恸哭记》（入选《古文观止》）。并留言："吾死必葬于此！"谢去世后，其友按他遗嘱，真将谢翱安葬在西台对岸的严陵坞村，实现了谢翱生前的愿望。至今在谢翱恸哭的西台石亭上镌刻着一副楹联"生为信国流离客，死结严陵寂寞邻"，表达了谢翱与严子陵西台的深厚情缘。

谢翱的《登西台恸哭记》文辞慷慨悲怆，充满着一股充塞天地的爱国精神。为躲避元朝官府的追捕，文中人物假借唐朝平定"安史之乱"的名臣颜真卿、颜杲卿等名，借古喻今，痛悼文天祥抗元殉国的爱国精神，详细记录了谢翱和汐社骨干成员登严子陵西台哭祭文天祥的始末。从中可以知，谢翱经常梦见文天祥，每见山水池榭、云岚草木，与当年跟文天祥分别时相类，则徘徊顾盼，悲不敢泣，曾于姑苏吴王夫差台、绍兴越王台哭祭文天祥。今时则登严子陵西台哭祭，用竹如意击石而歌曰：魂朝往兮何极？暮归来兮关塞黑。化为朱鸟兮有咮焉食？歌毕，竹石俱碎，闻者俱伤。

谢翱一哭成名，千古流芳，他哭的是正气凛然、宁死不降的文天祥，哭的是山河破碎，国破家亡的大宋王朝，这是中华民族千古不泯的爱国精神，是一种铁骨铮铮的民族脊梁。谢翱一哭，硬生生从严子陵手里分得了一个西台，至今流传！

三、归葬严陵，百世流芳

元至元二十七年，谢翱泪尽，以肺疾逝于杭州，终年 47 岁。方凤、吴思齐等汐社好友，按谢翱生前遗嘱，将其安葬在严子陵钓台对岸严陵坞，以诗稿殉葬，墓碑刻"粤谢翱之墓"，墓联"泪滴参军骨，江流报国心"，墓右筑"许剑亭"。"许剑亭"典出春秋时情延陵季子吴季札"季子挂剑"，许剑徐君的故事，以此表达谢翱与众志士誓不负约，抗元到底的壮志和决心。

谢翱墓相关情况：谢翱矢志不渝的爱国气节一直广为后人传诵，明清两代 600 多年来，谢翱墓历经官方多次扩修，与严子陵钓台一起成为历代文人、名士凭吊怀古的胜地，无数文人墨客在此驻足凭吊，抒发家国情怀。他的《登西台恸哭记》至今仍铭刻在西台之上，光照千秋。

元末，青田刘基流遇桐庐，途经富春山时，特地拜谒了子陵祠和谢翱墓，并在《题谢皋羽传后》写诗道"此士今安在，金石可销心不改。应将魂魄化精卫，衔取南山填北海"，民国时期，叶浅予、周天放著《富春江游览志》将谢翱墓录入其中，叶浅予并拍摄谢翱墓旧照一张流传。

1958 年至 1977 年，富春江水电站经历动工兴修、停工缓建、复工续建、竣工发电。富春山一带水位因之上升了近 20 米。由于对谢翱墓缺少保护措施，许多附属建筑没入江水之中。其中"破四旧"运动加剧了对谢翱墓的破坏，时至今日已从人们的视野中消失了。

20 世纪 80 年代，规划重建严子陵钓台时，曾一度将建复谢翱墓列入规划，但因隔江相对，有一定距离，后搁置作罢。近几年来，严陵坞村纳入富春江镇慢生活体验区，原民居改为民宿，谢翱墓相关遗址、遗迹、残留碑石等几乎无存。

时至今日，谢翱后裔最多的聚集地广东省揭阳市，早在 1995 年就耗资千万，建成谢翱纪念堂，福建霞浦也编辑出版了谢翱文史专辑，甚至长溪和霞浦之间还发生了争夺谢翱名人归属的事情，谢翱在福建和广东等地已经视作爱国民族英雄。据不完全统计，广东省揭阳市谢翱嫡系后裔约 20 万人，占桐庐县一半人口，每年谢氏后裔举行纪念谢翱活动。数年前，揭阳市政协主席谢喜龙一行、福建霞浦文史委一行曾专门来桐庐寻访祖先墓未果。谢翱以一介布衣，为国尽忠守节，此等爱国精神千古彪炳。近年来，文化界有识之士多次提出修复谢翱墓的建议，引起相关部门的重视，并多次进行修复论证，相信谢翱墓的恢复重建一定可以实现。

叶浅予摄谢翱墓旧照

何日遂归耕

赵孟頫（1254—1322），字子昂，号松雪道人。吴兴（今浙江省湖州市）人。是南宋晚期至元朝初期官员、书法家、画家、诗人。

赵孟頫自幼聪敏，读书过目不忘，下笔成文，写字运笔如风。因为他们家里世代为官，十四岁时就有了官爵，并通过吏部选拔官员的考试，调任真州司户参军。

南宋灭亡后，赵孟頫一度蛰居在家。至元二十三年（1286），赵孟頫经行台侍御史程钜夫举荐，赶赴大都（北京），受元世祖赏识，授兵部郎中。此后历任集贤直学士、济南路总管府事、江浙等处儒学提举、翰林侍读学士等职，累官翰林学士承旨、荣禄大夫。自世祖至武宗、仁宗、英宗，四朝皆加礼敬。晚年逐渐隐退，延佑六年（1319）借病乞归。至治二年（1322），赵孟頫逝世，年六十九。获赠中书省平章政事、魏国公，谥号"文敏"，故称"赵文敏"。著有《松雪斋文集》等。

赵孟頫博学多才，懂音乐、擅篆刻、通经济、又善于填词赋诗，绘画堪称精品、书法称雄一世。是我国文学艺术上一位难得的全才。

在绘画上，他取材广泛，技法全面，山水、人物、花鸟无不擅长，开创元代新画风，明人王世贞曾说："文人画起自东坡，至松雪敞开大门。"这句话客观地道出了赵孟頫在中国绘画史上的地位。无论是研究中国绘画史，还是研究中国文人画史，赵孟頫都是一个不可绕开的关键人物。传世画作有《重江叠嶂图》《鹊华秋色》《秋郊饮马》等，现藏故宫博物院。黄公望50岁时拜赵孟頫为师，在赵孟頫家中，黄公望结识了不少当时的艺坛巨匠，开始了他山水画创作，完成了有"画中兰亭"之称的《富春山居图》。

在关于赵孟頫练习书法，文史上记载，他5岁起每天练习500张纸，算下来每天要书写一万多字，坚持10几年，所以练就了运笔如风，"日书万字而精气不衰"。在书法上，他取法钟繇、"二王"、李邕、赵构等，于篆、隶、真、行、草诸体皆擅，尤以楷书、行书著称；其书风道媚、秀逸，结体严整、笔法圆熟，创立"赵体"，与欧阳询、颜真卿、柳公权并称"楷书四大家"。赵孟頫的传世书迹较多，有《洛神赋》《道德经》《胆巴碑》《四体千字文》等。

值得一提的是赵孟頫一家热爱书画，并都有很高艺术的造诣。年轻时，赵孟頫在京城与才女管道升相遇，两位旷世才人一见钟情，相互倾慕，最后终成眷属。他们一生相互学习、相互促进。管道升所写行楷与赵孟頫颇相似。赵孟頫儿子赵雍、孙子赵麟都做《人马图》，人称《三世人马图》，传为佳话，三幅画都流传至美国，由大都会博物馆收藏。

赵孟頫多次来桐庐，泛舟之余，创作了《富春垂钓》等画作；触景生情，乘兴写下了《桐庐道中》《严陵濑》《过严陵钓台二首》等诗作。我们看他的《桐庐道中》：

> 历历山水郡，行行襟抱清。两崖束沧江，扁舟此宵征。
> 卧闻滩声壮，起见渚烟横。西风林木净，落日沙水明。
> 高旻众星出，东岭素月生。舟子棹歌发，含词感人情。
> 人情苦不远，东山有遗声。岂不怀燕居，简书趣期程。
> 优游恐不免，驱驰竟何成。我生悠悠者，何日遂归耕。

诗人以平实、自然的语言，描摹了自己经过桐庐这个"山水郡"的所见、所闻、所想。小船行驶在青山夹岸的江水中，"卧闻滩声""起见渚烟"，望着星空和月亮，听着船夫感人的渔歌，想起官场奔波，哪一天能和他们一样，做一个无忧无虑的老百姓呢！诗风质朴、淡然，不事堆砌修饰，却意境悠远。

说到赵孟頫和桐庐的渊源，不得不提一个人，他叫俞和。俞和，字子中，号紫芝生，是宋末元初俞赵（今桐庐县富春江镇俞赵村）人。他从小学书，书法造诣颇高，是元末明初的著名书法家。今藏于台湾"故宫博物院"的赵孟頫款《临急就章》册，其实是俞和晚年的临摹作品。能模仿几百年间书画史上第一等人物的作品，只有俞和做得到。

为什么呢？

《杭州志》说："（俞）和喜书翰，早年得见赵文敏运笔之法。"明徐一夔所撰的《俞子中墓碣》也说，俞和"少时得赵文敏运笔法。"

赵文敏是赵孟頫的谥号。以赵孟頫在元朝书名，渴求得到一代书法大家垂青、并希望他指点一二的学书者门庭若市。与赵孟頫非亲非故的俞和如何能够得到其运笔之法，主要有两种说法：

一是私生子说。明丰坊在《书诀》里称："其母寡居，赵子昂私之而生和，遂冒赵氏教之书。子昂死，赵雍等分出之，乃以俞为氏，号紫芝生。"意思是说，因为俞和是赵氏的私生子，才可能得到他的言传身教。直到赵氏去世，他的儿子赵雍把俞和"分出"姓俞，但他还是自号紫芝。"紫芝"者贤人也，也就是贤人所生。

二是入室弟子说。明代解缙《春雨杂述》云："及门之徒，惟桐江俞和子中，以书名洪武初，后进犹及见之。"住到赵氏府上，赵孟頫手把手教习，自然得到了赵氏真传。

赵孟頫在元时书名盖世，凡书家没有不仰慕的。对于俞和的出身，不管是来自民间的隐晦猜测，还是著书立说者的主观臆断，其实都来自他的书法太像赵孟頫了。可以肯定，俞和从小得到赵孟頫的亲授，其谆谆教导影响了俞和一生的艺术风格。

俞和在赵孟頫的亲授下，自己也非常努力，书法造诣随之日益深厚，篆楷行草各臻其妙。使得他的书法与赵孟頫之作的确形神俱像。《杭州志》载，有好事者，得到俞和书法，加上赵孟頫的款识，仓促间，根本无法辨别是赵孟頫的真迹，还是俞和的仿作。

由于有俞和的师生关系，赵孟頫写过两首《过严陵钓台》，其中之一这样写道：

富春山中有客星，辞荣归来意更真。

羊裘坐钓沧波上，却笑刘郎非故人。

在元代特定的社会环境里，读书人在仕途上失望后，一部分人自愿隐匿山林或散居市井，过着超脱的生活。赵孟頫虽身在江湖，位极人臣，而内心有无穷的痛苦。矛盾、悔恨、委曲，一直困扰着他。晚年，赵孟頫借病辞官回家，经过严子陵钓台时，他想起披着羊裘钓鱼的"客星"，感叹道：真该早点向严子陵学习啊！

赵孟頫书《洛神赋》局部

黄公望与桐庐

黄公望（1269—1354），字子久，号一峰，又号大痴，大痴道人、井西道人。元代著名画家，全真道士，与王蒙、倪瓒、吴镇并称元代四大画家，黄公望位居其首。

黄公望江苏常熟人，本名陆坚，自幼聪慧，号称神童。约十岁左右，父母因战乱双亡，过继给温州平阳县九旬老翁黄乐，黄翁大喜说："黄公望子久矣！"遂改名黄公望。

跟所有的读书人一样，黄公望最

元高士黄公望
少颖神童博综群艺善写山水注篆
通称乙卯人日泼墨王名镇二百岁题画册

黄公望像

大的理想是出仕做官，干一番事业。但是，他的理想和现实出现了强烈的矛盾冲突。青年黄公望是一个很有上进心的人，早早地进入了公务员队伍，但是阴差阳错，跟了一个京官章闾，到京城大都（今北京）去发展，结果章闾因贪污案下了大狱，无辜的黄公望跟着也受了牵连，遂绝意仕途。最终黄公望加入了全真教，成了一名道士，以卖卜问卦，写字画画终其一生。

黄公望的作品主要有《富春山居图》《富春大岭图》《秋山招隐图》等五十余幅，其中最著名的作品是《富春山居图》长卷，号称"画中兰亭"，是中国传统山水画的巅峰之作，位列中国传世十大名画，具有非常曲折离奇的传奇色彩。它的流传经历大致如下：

《富春山居图》的第一位收藏者是黄公望的师兄无用道人。明代几经转折，流传到江苏宜兴一位叫吴洪裕的收藏夹手里。吴洪裕对此画爱不释手，朝夕相伴，临终前决定把《富春山居图》烧毁殉葬。其侄儿迅速从火中取出画卷，用另一幅长卷代替烧毁，才使《富春山居图》幸免于难，但是长卷已经被烧成两段。进入清代，乾隆皇帝酷爱收藏，先收到了一幅明代赝品《子明卷·富春山居图》，定为真迹，并命名《富春山居图》，反而把后进宫的真《富春山居图》定为赝品。抗战时期，《富春山居图》随清宫文物迁移到台北故宫博物院。卷首《剩山图》经收藏家吴湖帆转让，入藏浙江省博物馆，成为镇馆之宝。由于海峡两岸的密切关系，《富春山居图》重为世人瞩目。

黄公望《富春山居图》局部

二、黄公望与桐庐的关系

黄公望来桐庐游览写生，应当是没有疑问的。经过我们现在的研究考证，《富春山居图》的实景地就在我们桐庐，他的《富春大岭图》《秋山招隐图》等名作也是画的桐庐风光，并且我们也认为黄公望也曾隐居在桐庐，其中缘故除了桐庐山水非常吸引黄公望，更重要的是严子陵不慕名利的高风亮节深深地吸引了黄公望，才产生了旷世名作《富春山居图》。

三、富春山居图实景地在桐庐的理由

理由一：《富春大岭图》实景地在桐庐

《富春大岭图》纵 74.2 厘米，横 36 厘米，纵式立轴，墨笔纸本，是黄公望传世画作中的精品力作，现藏南京博物院。这幅画是黄公望画给他的朋友邵亨贞的，画的左上方落款"大痴为复孺画"，明确了他的主人是邵亨贞。

邵亨贞字复孺，严陵（今浙江桐庐）人，元末明初文学家。居华亭（今上海松江），卜筑溪上，以贞溪自号。明洪武年间为松江府学训导。黄公望送画的目的是为慰藉邵亨贞的思乡之情，宦游在外，思乡之情人皆有之。黄公望与邵亨贞关系很好，经常有唱和，现存邵亨贞多首写给黄公望的散曲可以证明。

《富春大岭图》的实景地经我的考证是在旧县街道旧县村至西武山一段山水。这里依山傍水，古时有蜿蜒曲折的古路和栈道，又有旧县大岭的地名为证，而且还是黄公望陆路去富春山的必经之地，现在这条路叫富春山古道。

需要强调的是正是黄公望画了这幅《富春大岭图》意犹未尽，才决定画一幅长卷山居图的，这是学界公认的。黄公望画《富春大岭图》的目的是表达对严子陵的高风亮节的追崇。这一点，黄公望的好友，元四家中的倪瓒、王蒙都持这个观点，都有题诗跋文为证，有较强的可靠性。详细见《富春大岭图实景地考辨》，兹不赘述。

理由二：《秋山招隐图》透露隐居天机

黄公望在另一幅名作《秋山招隐图》题诗跋文中说："此富春山之别径也，予向构一堂于其间，每当春秋时焚香煮茗，游焉息焉，当晨岚夕照，月户雨窗，或登眺，或凭栏，不知身在尘寰矣、额'小洞天'，图之以报朴夫隐君同志。"

这段话透露了黄公望隐居地天机，他住在富春山古道某个僻静之所，而且住的地方叫"小洞天"。究竟在什么地方？可以按图索骥。

道家讲究洞天福地，有三十六洞天、七十二福地之说，天罡地煞刚好一百零八。洞天一般是山洞，黄公望的"小洞天"应该是个山洞，普通住宅不

富春大岭图

会称为洞天。富春山古道只有一条,在桐庐境内,自新登过白峰岭,进入阆苑,出浮桥埠到旧县村,再经鸿儒村,翻过娘岭坞,直达七里泷,可以到富春山,也可以沿乾潭到梅城。这是千百年来唯一由杭州到睦州治所梅城的陆路官道。现在这条古道还存在,不太好走,但要比茶马古道好走得多。

可见,黄公望隐居的地方一定在富春山古道附近,而且住所有山洞,可以临时搭建房屋,洞屋可以说是一体的。这样的地方只有一个,就是阆苑仙境的阆仙洞,它历来是道教圣地,号称"第三十七洞天",由北宋道学家黄裳开创,当然是黄公望理想的栖身之所。阆仙洞完全符合黄公望在《秋山招隐图》的题诗意境:

> 结茅离市廛,幽心幸有托。
> 开门尽松桧,到枕皆丘壑。
> 山色晴阴好,林光早晚各。
> 景故四时佳,于秋更勿略。
> 坐纶磻石竿,意岂在鱼跃。
> 行忘溪桥远,奚顾穿草履。
> 兹癖吾侪久,入来当不约。
> 莫似桃源渔,重寻路即错。

阆仙洞内景(1)

阆仙洞内景(2)

理由三：《富春山居图》的特征完全吻合桐庐山水

历来学界都承认黄公望的《富春山居图》画的就是富春江的山水风光，但是具体是哪一段，众说纷纭：富阳人认为画的是富阳段富春江，因为《富阳县志》有黄公望隐居富阳筲箕泉的记载。

建德人认为画的是建德段富春江，因为睦州府治在梅城，甚至温州平阳人认为黄公望是平阳人，《富春山居图》画的应该是平阳江山水，还动用卫星遥感图来进行一一对照。《富春山居图》画的是哪里，还是要用事实说话，我认为《富春山居图》画的就是桐庐七里泷段的山水。

其一：山体近江　细看《富春山居图》中的山全部是近江的山，黄公望是个写意画家，当然文献记载他十分注重写生，再写意的画家也要就要尊重事实。七里泷段富春山山体全部是近江的，富阳段的山则多为远离富春江。这是其一。

富春山钓台近江山体　　　　　　《富春山居图》中的近江山体

其二：洲渚狭长　《富春山居图》中画有一座狭长的洲渚，并且上面还有零星行人和住房。我认为它的原型是位于富春江水电站大坝下唐家洲，唐家洲的地形是狭长的，岛上不仅有历代的堰坝（利用潮水抓鱼的建筑，最早的是唐代的），还有村落，现在已无人居住。唐家洲是进入七里泷峡谷的入口，水流湍急，行船十分惊险，是古代游览富春江的必经咽喉之地。现在的

"印象富春江"皮筏漂流就是从这里开始的。而富阳段的洲渚面积都比较大，比如桐洲，新沙岛，与图中江渚形状上已经拉开了很大差距。

七里泷峡谷唐家洲　　　　　　《富春山居图》中的洲渚

其三：古松依然　《富春山居图》中江边有数株古松，这是富春江边多古松的缩影，是真实的写照。七里泷段富春江边，"大炼钢铁"以前，古松遍布，现今鸬鹚湾还有一株1300多年的唐代古松，这与《富春山居图》的特征也相吻合。

芦茨湾唐代古松　　　　　　　《富春山居图》中的古松

其四：芦茨溪流　《富春山居图》中主体山中有一条奔流而下注入富春江的山涧溪流，我认为原型就是芦茨溪，现在因为富春江大坝的截留使水位上升，入江口一带已经淹没水中，但芦茨溪与图中所画的溪流在形状和方位是吻合的。

黄公望与桐庐

李可染《家家都在画屏中》

《富春山居图》中的"芦茨溪"

其五：鸬鹚捕鱼　《富春山居图》中非常具有生活气息的是鸬鹚捕鱼的场景，岸上亭中坐着一人，正观看五六只黑羽鸬鹚在水中捕鱼。鸬鹚只有在浅水区域才能捕到鱼，深水区是很难捕鱼的。鸬鹚湾一带，急流浅滩是天然的渔场，故自古有鸬鹚捕鱼的做法，现在还有。芦茨村原名鸬鹚村，就因鸬鹚捕鱼出名，今随水位上升，而搬迁后移。我认为《富春山居图》中鸬鹚捕鱼的场景就是从鸬鹚湾一带截取的，富阳段富春江属于中下游，江水较深，鸬鹚是很难捕到鱼的，很难见到这种场景。

七里泷鸬鹚捕鱼船（老照片）

《富春山居图》中的鸬鹚捕鱼

总之，《富春山居图》不是一幅实景写生长卷，但是黄公望把富春山水的特征融入了其中，就像现在电脑的 PS，东边的山，加上西边的树，再加点南边的水和北边的人，就 P 成了一幅新图，电影上叫蒙太奇，实际上是一种剪接技术。我们看《富春山居图》总觉得山水风光很眼熟，但又不能具体指出哪一座山，哪一处水，哪一处村落，黄公望是一位大画家，他不会一成不变地描摹现实，而是在写生是基础上，进行了有机的 PS，又融合了心中的山水，意境上就显得特别幽深高远，这就是大师手笔。

理由四：《富春山居图》原名《富春山图》

《富春山居图》现在已经广为世人熟知，但其实它的原名在乾隆朝以前叫做《富春山图》。《富春山居图》是乾隆皇帝真假不分，搞出的冤假错案，他把明代文人仿的《子明卷》当真迹，把真的《富春山居图》当赝品，还郑重其事地题名《富春山居图》，直到近现代才翻案。当代画家江枫先生收集了大量证据，对此进行了总结提炼，指出了《富春山居图》的名讳之误，《富春山居图》原名《富春山图》。既是《富春山图》，它所描绘的风景范围就十分明确，就是严子陵钓台一带的山水风光，因为严子陵钓台一带的山就是富春山，古往今来未曾改变。富春山的地名，现存文献最早见晋朝皇甫谧《高士严光传》："因共仰卧，除为谏议大夫，不屈，乃躬耕富春山。"至今 1750 年左右。

理由五：《富春山居图》的核心思想是子陵高风

任何一件艺术品都有表现主旨，就是中心思想。诗歌散文如此，音乐舞蹈如此，书法绘画也是如此。《富春山居图》它要表现的是画家怎样的一种思想感情？我认为它的核心思想是子陵高风。不慕名利，甘于归隐的严子陵是

桐庐富春山

后世失意文人的精神偶像，他是有高官不要当。黄公望是一个仕途失意者，他是想当官没得当，还受到了牢狱之灾，永无出仕的希望。因此对黄公望来说严子陵是他的精神偶像，他是严子陵的一个粉丝。黄公望在另一幅《题方方壶画》中题诗："一江春水浮官绿，千里归舟载客星。"，"客星"就是严子陵的别称，至今还有"客星"碑立在严子陵祠，这句诗歌直接表达了黄公望对严子陵的仰慕之情，这句诗的意思可以理解为"我黄公望就是奔着严子陵来的。"向往严子陵不慕名利，甘于隐逸，这才是黄公望游览富春江画《富春山居图》的核心思想。所以他在《富春山居图》处处表现的都是隐逸生活的场景，像鸬鹚捕鱼，拄杖漫步，还画了四个坐在船上垂钓的渔人，这些都是黄公望一直追求的。不然他怎么会号大痴，古代大和太是同一个字，大痴即太痴，大痴之号可以理解为是黄公望大彻大悟之后的自我嘲讽，他是想忘掉执迷仕途的痛苦，追求像严子陵一样高尚的宁静的生活。

富春山严子陵钓台

词林宗匠张久可

张久可（1270—1348 后），字可久，号小山，宁波鄞县人。元代著名散曲大家，与乔吉、张养浩、贯云石、睢景臣、刘时中等齐名。他专写散曲，不写杂剧，作品风格清丽雅正，俊秀自然，一生著述宏富，传世散曲 855 首，为元代传世散曲数量最多的作家，在我国文学史上有重要地位。张久可生前，其散曲就已编辑成册，有《今乐府》《苏堤渔唱》《吴盐》等作品集盛传于世，所作小令一度传唱皇宫禁院。时人大食（今阿拉伯）惟寅称其"声传南国，名播中州"；明代戏曲家李开先则把他与乔吉比作："曲中李杜"；宁王朱权更是以"词林宗匠"尊之，足见张久可在元代曲坛中的地位和影响。

这样一位文学天才，在仕途上却是宦海飘零，颠沛流离，以文书小吏终其一生，出于生计担任过"路吏转首领官""掾史""昆山幕僚""桐庐典史""松源税监"等卑小职务，并在会稽、三衢等地任职，他一生奔波于江南各省，足迹遍及江苏、浙江、安徽、湖南、江西等地，直至年逾古稀，尚且隐瞒岁数，充作幕僚，可见其生活的窘困。

桐庐有幸成为张久可宦海生涯中的一个停靠站，时至元后戊寅（1338）年，张久可已经 67 岁高龄，充任桐庐典史一职（典史即知县下掌管缉捕、监狱的属官）。

在桐庐，张久可与桐君山结下了不解之缘。据与张久可相交游的坊郭诗人徐舫诗《张小山捐俸重修桐君祠》记载，张久可曾捐俸重修过桐君祠，全诗如下：

先生远有烟霞趣，镌玉捐金隐者祠。

瑶草久荒云一片，碧桐乃见凤双枝。

芙蓉日静文书暇，杖履春来啸咏迟。

他日幽期何处好，寒松花发鹤归时。

从诗中可知张久可仰慕桐君老人不慕名利的隐者风范，"镌玉捐金"重修了桐君祠，表达了张久可对前贤的景仰和对隐逸生活的向往。桐君祠修毕，张久可又以"幕长"的身份带头恭迎桐君归祀。徐舫《祠完迎桐君归祀》，生动地记录了当时的一幕：

天乐遥风散碧扉，躬劳幕长迎仙归。

闲云敛敛凝盖立，白鹤亭亭向水飞。

上世人传草木食，幽情自寄渔樵衣。

春来岩谷百花发，胜日携壶上翠微。

据"春来岩谷百花发，胜日携壶上翠微"诗句，迎桐君归祀应是后一年（1340）春天的事。在百花竞放岩谷争春的好日子，张典史小山，沧江诗人徐舫等一班文人，携壶载酒登上林篁郁茂、青崖凝翠的桐君山顶，迎桐君归祀，饮酒赋诗。

不仅如此，张久可还带头发起了修路义举，将桐君山山道由山脚到山顶修葺一新，以便路人上下之行，今桐君山山顶桐君祠左侧，山腰入口处石亭下石壁上留有张久可亲笔题写的记事摩崖两处。

山顶处为：嘉熙末季，县令赵清卿凿山径三百丈茅塞之矣。后百年为至元己卯四明张久可来此疏而辟之，人皆以为便。

桐君山山顶张久可题记拓片

山腰处为：至元后戊寅九月，句章小山张久可来游，永、羽儿子侍。

桐君山山腰张久可题记拓片

词林宗匠张久可

两方石刻，不仅说明张久可曾于1338年和1339年两次登桐君山，而且颂扬了张久可宦海飘零之际为民方便，开山辟道，捐俸修祠的无量功德。祠修毕，路通成，张久可又赋小令《桐庐江上小金山》对桐君山作了声情并茂的赞美：

芦花浅水钓舟闲。老树苍烟倦鸟还。浑疑多景楼前看。玉浮屠十二栏杆。枕鲸波百尺屏颜。桥唱沧浪外。钟声紫翠间。小似金山。

厌恶官场的无奈漂泊，向往隐居的宁静安逸，这似乎成了张久可暮年最大的渴望。阆仙黄裳高蹈的隐士生活深深地吸引了年近古稀的张久可，至元后己卯（1339年）三月的一天，张久可不顾山高路远，来到高山阆仙洞追仰前贤遗风，留下了一则珍贵的摩崖题记：

至元后己卯三月十三日，桐庐县尹周士敏偕句章小山张久可来游。

字体书法和桐君山所留的题记如出一辙，可断为张久可亲笔无疑。三方石刻，虽距今670年，但保存完好，字迹清晰可辨。其书法，俊秀挺劲，儒雅有致，有别于赵孟頫秀媚之风，可能是词林宗匠张久可仅存于世的书法作品，弥足珍贵。

在桐庐的几年，张久可的足迹几乎遍及全县，他仰慕桐君，追攀黄裳，还远上分水寻访施肩吾、徐凝等唐贤遗迹，对羊裘高风的严子陵更是充满了崇敬。文末，附一首

阆仙洞张久可题记

张久可的《醉东风·钓台》来表达对这位词林宗匠的永远的怀念：

貂裘蔽谁怜倦容？锦笺寒谁写秋怀？野水边，闲云外，尽教他鸥鹭猜。溪上良田得数顷来，也敢上严陵台。

刘基与桐庐

刘基（1311—1375），字伯温，浙江青田南田乡（今属文成县）人，元末明初杰出的军事家、政治家及文学家。刘基通经史、晓天文、精兵法，他辅佐朱元璋推翻元蒙政权，完成统一大业，开创了大明王朝，是明朝著名开国元勋，明洪武三年（1370）封诚意伯。刘基功勋卓著，明太祖朱元璋多次称他为："吾之子房也！"把他与汉高祖刘邦的重要谋士张良（字子房）相提并论。在文学史上，刘基又与宋濂、高启并称"明初诗文

刘基像

三大家"。刘基神机妙算，善于帷幄，民间传说他上知五百年，下知五百年，有"三分天下诸葛亮，一统江山刘伯温"的说法，是一位极具魅力的传奇人物。据乾隆二十一年版《桐庐县志》记载，刘基在出山辅佐朱元璋以前，曾在桐庐县凤川街道翙岗村（古称凤冈）寓居，与翙岗结下了不解之缘。

一、来桐别有因

刘基自幼就才华迥异，据传他读书有"一目七行"之能，16岁中乡试，22岁中举人，23岁中进士，26岁受职江西高安县丞（职务仅次县令，正八品），可谓学业仕途一帆风顺。元代著名文学家揭傒斯见后称赞他："此魏征之流，而英特过之，将来济时器也！"在高安县丞任职上，刘基不避强御，为

政严而有惠，以廉洁著名，受到地方百姓拥戴称颂。至元六年（1340），刘基受命复检一桩人命案子，发现了凶手故意杀人的罪状，初检官因此获罢职，不料其家人倚仗蒙古权贵后台，蓄意加害报复刘基，于是他便自请辞职。幸好江西行省大臣素知刘基为人，又辟他任江西行省职官掾史。因刘基性格耿直，不久又与同僚议事不合，受到了排挤打压。蒙古权贵的官官相护，官场争斗的尔虞我诈，使耿介的刘基内心极度愤懑，于是他决意仕途，再次请辞。时元至正元年（1341），刘基31岁。这一年秋，刘基经兰溪顺舟来到了桐庐，从此他便在翙岗村开始了一段隐逸生活。

二、桐江散怀抱

桐庐奇山异水的优美风光使刘基放浪流连，他想起了宋元之际的爱国志士谢翱（墓在钓台对岸严陵坞），又拜谒了东汉高士严子陵钓台。三公搦去不为官，富贵莫如一钓竿。严子陵的高风亮节一直受到历代失意文人推崇，李白如是，范仲淹如是，刘基也如是。仕途上的失意，使刘基对大元朝的黑暗统治十分失望和不满，他在《九日舟行至桐庐》诗中写道：

> 杪秋天气佳，九日更可喜。
> 众人竞登山，而我独泛水。
> 江明野色来，风淡汲鳞起。
> 苍翠观远峰，沇寥度清沚。
> 沙禽泛悠飏，岸竹摇萝靡。
> 溯湍怀谢公，临濑思严子。
> 紫萸空俗佩，黄菊漫妖蕊。
> 落帽非我达，虚垒非我耻。
> 和舷月娟娟，濯足石齿齿。
> 澄心以逍遥，坻流任行址。

这是一首潇洒散淡的山水诗，诗中"众人竞登山，而我独泛水"含蓄地写出了刘基仕途的不得志，只好浪迹江湖；"溯湍怀谢公，临濑思严子"表达了刘基对两位富春山前贤——谢翱和严光的崇敬之情；"落帽非我达，虚垒非我耻"道出了他耻于混迹元朝贵族黑暗的官场，抒发了丢官去职的无奈和旷达。

在桐庐县城馆驿，刘基又写了一首《夜泊桐江驿》的诗，诗曰：

> 伯夷清节太公功，出处非邪岂必同？
> 不是云台兴帝业，桐江无用一丝风。

刘基以伯夷、叔齐宁可饿死也不食周粟和姜太公八十岁出山辅佐周文王成就功业的典故，来说明隐居和出仕都是因时而异，各有成就的，再优秀的人才如果没有人赏识也没有用。若无光武帝刘秀的赏识，子陵高节最终也不过是桐江无用的一丝清风而已。此诗表达了刘基的功业观，虽然一时仕途失意，但是他还是以儒家的积极入世观作为理想和追求。刘基在等待一个复出的时机，在等待一个赏识他的人物，然而此时他只能选择归隐。

三、凤冈广交友

桐庐县凤川街道翙岗村古称凤冈，村落渊源肇自于汉代。南宋淳熙间，南宋宰相李纲曾孙李瑶议（仰庵公）自新城（新登）迁入凤冈，经过百年繁衍，李氏遂成凤冈大族。元末明初之际，逐渐形成了一个以李氏宗亲为主体的隐逸文化群，一时四方名士纷纷来游，青田刘基便是其中一个。

刘基寓居凤川翙岗（古称凤冈），这有着确凿的历史依据。刘基在《赠桐江临溪西庄华氏宗谱序》开篇说："予为中原不靖，遨游海内，寄迹于桐江凤冈李氏之家。"这句话透露出两点信息：一是元朝政权不稳，社会矛盾日益加剧。二是刘基寓居在翙岗一户李姓人家之中。

刘基为什么选择翙岗寓居？史料没有留下相关记载，民间传说他是来此寻访明主，这个传说经过 600 多年的演绎，早已失去本来面目。笔者根据清光绪十七年《凤冈李氏宗谱》相关记载，认为刘基寓居翙岗，是受到了当时翙岗颇具影响力的李氏隐逸群的邀请和影响，他与这个群体中的成员保持着密切的交往，有着深厚的交情，同时翙岗幽静的山水环境和良好居住条件也十分符合他的隐居要求，所以他才来此寄迹。

翔岗村俯瞰

　　据清光绪十七年《凤冈李氏宗谱·姓氏源流》记载，翔岗李氏系出陇西，与李唐李氏同气连枝，其嫡祖是彪炳史册的抗金民族英雄——南宋丞相李纲，亦可谓簪缨贵胄之族。南宋淳熙年间（1174—1189），李纲曾孙李瑶议（仰庵公）迁居翔岗，遂繁衍成族居村落。由于元朝实行民族分化政策，划分了蒙古人、色目人、汉人和南人四种社会等级。汉族知识分子处于社会最底层，没有任何政治优势和地位，即便出仕做官，也常受到蒙古权贵的压制，刘基在高安县丞任上受迫害就是一个缩影。因此广大汉族知识分子纷纷退隐田园山林，不愿为元朝效力。是时，翔岗便出现了一个以李氏宗亲为主体的隐逸群，主要代表人物有李骧、李康、李文、李恭等。由于翔岗李氏是当地大族，生活条件比较优厚，又不满元朝的分化统治，所以李氏文人大都致力经史而绝意仕途，广交同道而寄迹林泉，逐渐形成了一个以翔岗为中心的隐逸文化圈。刘基便是这个隐逸圈的鸿鹄之客。

翔岗古村弄堂

　　在翔岗李氏隐逸群中，李骧是其中的核心人物。李骧（一作李骧龙），字仲骧，号南华老人（生年无考，约卒于1345年前后）。说他是核心人物，主要有四个方面的原因：一是辈分高，他是李文的族兄，李康、李恭等名士都是他的侄儿，辈分有序，长者为尊；二是才华好，擅长诗文，李骧是县邑当时的俊彦翘楚，著有《南华百拙集》诗集传世；三是交游广，大梁班惟志、钱塘叶祯、桐庐徐舫等文化名流与他都有密切交往。李骧崇文尚义，声名四播，却以处士自居（处士指有德才而隐居不仕之人），还自谦笨拙，以"百拙"名其诗稿，"一时有名之士皆欲识其人"（邱茂《南华百拙稿·序》）。刘基寓居翔岗时，就曾与他诗歌酬唱，李骧《南华百拙集》诗集中留有一首《和刘伯温来韵》七律，诗云：

　　　　自爱山中隐者家，杖藜随分踏江沙。

　　　　岁时野老频分席，朝夕山僧共分茶。

　　　　旅雁随阳寒有信，轻霜点染菊垂花。

　　　　青山翠岫半秋色，清簟疏帘落照斜。

刘基与桐庐

刘基的原诗，尚未得见，李骥的和诗清新淡雅，一派隐逸天真，充分表明两人交游甚欢。其时，李骥已经进入暮年，而刘基正是一个30来岁的青年才俊，尽管两人年龄有悬殊，但却留下了一段文学佳话。

刘基与李骥还有一重特殊的关系。主要体现在刘基与李骥次子李翰以及两个孙子的交游上。据清光绪十七年《凤冈李氏宗谱》人物行状记载，李翰字鹏举，号"云邱老人"。他博通经史，默契地理，晓音律，善书能诗，与刘基十分交好，谈古论今，胸罗经济，刘基多次推荐他出仕做官，他都推辞不就。李翰长子李善，字孟元，号"南陵耕者"，次子李远，字孟修，号"憩牧"。他们兄弟从小就跟着刘基学习，是刘基的学生，尤其是李远，深受刘基器重，后旨受文林郎，知江西广信府铅山县事。

刘基与翔岗李氏交往的另一个重要人物便是李文。李文，字字仲章，号近山，李骥族弟，性爱林泉，元末曾任桐庐县主簿、浙江行省都事等职务。刘基寓居翔岗时，与李文的交往十分密切。

元亡后，李文遁迹山林，终日吟咏，以布衣而终。李文去世后，其子还千里迢迢来到金陵向刘基报讯，其时刘基已是天下闻名的开国元勋，他在《追悼李君近山》悼亡诗序言中说：

"桐庐李君近山，儒士旷达者也。与仆为知心友，契阔十余年，风尘顽洞，音问杳绝。忽其子来京师，始知李君亡矣，悲感成诗，聊以写其情耳！"

序中，刘基直接表述了他与李文的知心朋友关系，沉痛地表达了对故人去世的哀悼之情。

刘基与翔岗李氏隐逸群中交游的主要人物就是李康（？—1358），清光绪十七年《凤冈李氏宗谱》作李元康，字宁之，号梅月主人，是元末翔岗著名隐士。据《凤冈李氏宗谱》记载，李康工诗文，博及琴弈书画，多次拒绝元朝聘任，以古学自鸣，雅号清高，居所四周遍植梅花，因题斋号梅月斋。

刘基与李康交往频繁，今存刘基写给李康的两首古风，可以见两人的深厚友情。一首是《题梅月斋宁之先生读书处》，诗曰：

乾坤清气不可名，琢琼为户瑶为楹。

轩窗晓开东井白，帘拢暮掩西山青。

> 玉堂数枝春有信，银汉万顷秋无垠。
> 夜深步同踏花影，梅清月清人更清。
> 罗浮不独具闲春，广寒不独天上人。
> 人间天上有如此，何时载酒来敲门。

刘基在题目中称李康为"宁之先生"，可见对李康的敬重。在刘基的诗中，李康的梅月斋如诗如画，在皎洁的月光下，他们饮酒赋诗，把盏咏梅，雅如天人，充满着潇洒脱俗的隐逸之情。另一首是《留别李君宁之》，诗曰：

> 群山雪消江水宽，主人情重别欲难。
> 我今自向玉鸟去，短日斜倚春风寒。
> 满楼山色几时醉，永夜月明何处看。
> 人生有心无远近，频将书札报平安。

从首句来看，应该是刘基离开翙岗村时赠别之作，"主人"二字正说明了刘基寓居凤冈的李氏之家，东家主人正是李康（也包括李翰）。自此一别，不知何时才能再看到翙岗的长夜明月，此情此景不禁让刘基离情满怀。尾句"人生有心无远近，频将书札报平安"，意境与唐代诗人王勃的名句"海内存自己，天涯若比邻"异曲同工。诗中群山雪消，山色满楼，惜别之情，真挚感人，生动地表达了对刘李二人的深厚情谊。

至元十八年（1358），李康因病去世，刘基获悉，亲临其丧，并作诗文祭奠，足见两人已非一般知交，也体现了翙岗寓居故地在刘基心中的特殊地位。

在翙岗，刘基不仅与李氏文化圈交游酬唱，还与桐庐县邑的名士徐舫交游。徐舫（1299—1366），字方舟，居县治北（今桐庐江北城区柯家湾），元末桐庐著名隐士诗人。徐舫家境富裕，崇尚行侠好义，追求淡薄脱俗，才华横溢，却终生不仕，自号"沧江散人"。关于刘基与徐舫的交游，但有一则轶事体现了刘徐二人的深厚情谊。

公元1360年春三月，朱元璋聘请时称"浙西四先生"的刘基、宋濂、章溢、叶琛等出山辅弼。途经桐庐县城时，刘基与徐舫进行了一次欢快的诀别。

当时的情景，同行舟中的名士宋濂在《故诗人徐舫墓铭》中记载十分详细，文曰：

> 忽有美丈夫（徐舫）戴黄冠，服白鹿皮裘，腰绾青丝绳立于江滨，揖刘君（基）而笑，且以语侵之。刘君亟延入舟中，叶、章二君竟来欢谑，各取冠服服之。竟欲载上黟川，丈夫觉之乃上。濂疑之，问于刘君（基）曰："此何人斯？诸公乃爱之深耶？"刘君曰："此睦之桐庐徐舫方舟也！"濂故闻方舟名，亦起而鼓噪为欢、共酌酒而别。

徐舫戴黄冠，服白鹿皮裘，腰绾青丝绳，其风度翩翩悉如绝世之人。"（舫）揖刘君（基）而笑，且以语侵之。"徐舫一见刘基就作揖笑迎，而且以语言相侵，表明二人相识已久。刘基邀请徐舫上船雅聚，章溢、叶琛两位名士竞相与徐舫欢谑，可见他们也早就相识。刘基有意邀请徐舫一同出山辅佐朱元璋，叶、章二君甚至欢笑着把朱元璋送来的官服衣帽穿戴起来，玩笑中带着引诱之意。宋濂问刘基："此何人斯？诸公乃爱之深耶？"也充分体现了徐舫与刘基、章溢、叶琛等名士交情匪浅。人各有志，尽管刘基等四君半开玩笑半当真，命人悄悄开船，想把徐舫一起带走同去，却被徐舫发觉后制止。

四、凤翔出高冈

按刘基年谱，元至正元年（1341）至四年（1344）是刘基弃官江西行省职官掾史后第一次隐居的三年，也正是他隐居翔岗的三年。自1344年起，他便离开翔岗游学江东（苏南）一带，其间小驻丹徒，并曾赴大都，经过三年才回到家乡。

在翔岗，刘基除了交友进学以外，还在翔岗设馆教书。据1991年版《桐庐县志》记载："刘基元末流寓桐庐数年。设馆于翔岗华林寺，与李近山、李宁之及徐舫等交游。"1984年版《浙江省桐庐县地名志》记载："华林寺（始建于五代）北寺湾里，昔时曾设学馆，元末刘基曾在此寓居数年"。刘基在《赠桐江临溪西庄华氏宗谱序》署款自称"处州府青田县逸史 侍教生 伯温 刘基"，侍教生即是陪侍奉教之人，可知他在翔岗从事教书生涯。笔者认为刘基既然寓居李氏（李康）之家，必为其所聘私塾先生。写序这年是"元至正十年岁次庚寅三月上浣"，时1350年3月上旬，刘基40岁。此时刘基闲居杭州，他又从江浙行省儒学副提举的职务上被排挤了下来。可能是仕途再次受挫，失意的刘基又回到了翔岗，但这次只是一个短暂的停留。在这次停留中，与翔岗毗邻的西庄村有一位李氏懿亲华大昭，因与刘基很熟悉，持家谱向刘基求序，于是刘基妙笔立就，为西庄华氏写下了这篇序言。

此外，刘基寓居翔岗期间还写了一篇《虎镇山记》。虎镇山即是现在翔岗村南侧的大庙山，刘基描述此山："如虎作威，而有静以镇之之象。"所以给它起了个虎镇山的地名。这篇妙文实际是一幅现实版的元代《凤冈全景图》，南望是三峰插天，列戟于后的红羊尖（即今之黄羊尖），香泉山华林寺近在咫尺；北览是梅山村和松林村；东眺是两水潆回的大源溪；西顾是平畴沃野和铁岭、马鞍山和鸡笼。在经历 670 年后，这些地名至今依然存在。山水如泼墨，画图豁天开，刘基困顿抑郁的心情随着视野的环顾，与虎镇山一同镇静了下来。

在翔岗，刘基留下了许多墨迹，除了和李骥、李康、李文等人唱和诗稿以及信札外，还有华林寺的楹联以及李氏家中的"嘉会堂"匾额，随着历史的沧桑变化，这些珍贵的墨迹已经湮没无存。但刘基题写的"凤翔高冈"匾额，却让翔岗这个名字家喻户晓，深入人心。

翔岗在李氏迁入之际名晦冈，刘基寓居之际称凤冈，凤冈地名至今仍旧保留沿用（现作"凤岗"）。应翔岗李氏的邀请，刘基为李氏宗祠题写了一块"凤翔高冈"匾额，他在"凤冈"地名上嵌入了"翔、高"二字，"翔"是鸟飞或鸟飞声之意，"高"则寓意成就非凡之想，"凤翔高冈"寄寓着刘基对翔岗李氏一族的希望：李氏才俊能如凤凰一样展翅飞翔于高岗之上。入明后，刘基已是誉满天下的开国元勋。字以人贵，因刘基为翔岗李氏题写了"凤翔高冈"匾额，凤冈便改称了翔岗，可以说翔岗之名实为刘基所赐，不幸的是这块珍贵的匾额最终毁于"破四旧"浪潮之中。

人生理想信念不同，目标追求便不会同。李骥、李康、李文、徐舫选择的是严子陵式的隐居生活，刘基等待的是治国平天下的机会。翔岗寄迹的三年是刘基生命里最为平静的三年，这三年，他充分地修身养性，韬光养晦，静观天下之变。在翔岗，李氏群彦给了刘基一个忘身世外的精神家园，自此一位饱受元朝官场压抑排挤的有识之士，终于在平静的林泉生活中，使受伤的心灵渐渐得以抚慰。

翔岗村刘基"凤翔高冈"牌楼

然而，刘基毕竟是刘基，最终他从困顿中把握了时机，走出了凤岗，走向了理想，走进了中华五千年的光辉历史，成了一颗耀眼的历史明星。从某种意义上理解，刘基所题的"凤翔高冈"，同时也寄寓着他凤舞九天，实现理想的期盼。良禽择木而栖，良臣择主而事。18年后，在群雄纷乱的逐鹿中，刘基终于找到了明主——朱元璋，成就了千秋功业！

附：

虎镇山记

刘　基

是山之发脉，远自红羊尖午峰飞舞而下，蜿蜒磅礴，委蛇迤逦而来。抵此则势忽昂藏，崇隆嵌嵌，如虎作威，而有静以镇之之象，故以虎镇名，形似矣。

登是山之巅，可以俯视一切：烟火康衢，而瓦缝参差，宛如泼墨，人言、鸡犬嘈杂之声，哄然莫辨；南望，则三峰插天，列戟于后，而华林香水垂手可挹；东眺，则两水滢回，溪流涓涓，狮山如吼，亭山屹立，野花与草树，杂发点缀；北览，则近若梅山松林，其烟村云树与苍松翠竹，天然画图。更远望对岸，叠巘重峦，云蒸霞蔚，爽然入我襟怀；西顾，则平畴绿野，一望千顷，铁岭、马鞍、鸡笼诸山，形势起伏，跌落顿挫，宛如城郭。登临之际，不觉豁我凝眸，畅我幽情，而虎视眈眈之念，与山同一镇静矣。

赠桐江临溪西庄华氏宗谱序
刘 基

予为中原不靖，遨游海内，寄迹于桐江凤岗李氏之家。有懿亲，临溪西庄华姓讳大昭者，乃胜四公之四世孙也，与予相契稔。一日，持家谱示予曰："吾高祖景伯公，弃河南之故里，播迁于桐。其子胜四公系临溪西庄之始祖也，至今百余年矣。"子孙犹能识先代阀阅之家声，及临溪聚族之根由者，皆赖胜四公谱志之明载也。乞序之，以表扬胜四公之令德。

予受而详览之，喟然叹曰："景伯公知隐逸之真趣，乐山水之清闲，磊磊落落，绰乎有子陵高风。其子胜四公，承父之志，拓父之业，非所称善述者乎？且也上述历代之源流，自人皇氏以后迄景伯公以前，越数千载之久。而其间流裔，接续若缓缕之绵绵，相贯若源水之涓涓，相继源清流洁，并无纤毫假，亦无片语虚夸，诚世家之实录，不刊之大典也！"

夫谱志既修之序，明尊卑之分别，蔼然有恩，以相亲灿然。有礼以相接门闾之所由、以张大而子孙之所由，以昌盛者也，谱之所系讵不重哉！予深羡胜四公之能，阐扬世德；又嘉大昭公之能，不忘先泽也。因乐为之序云。

时元至正十年岁次庚寅春三月上浣吉旦。

处州府青田县逸史，侍教生，伯温刘基顿首拜撰。

王阳明与桐庐严滩

明代著名的思想家、文学家、哲学家和军事家王守仁（1472—1529），世称阳明先生。他一生北上南下，文功武略，在许多地方留下足迹，结下不解之缘。严滩就是其中之一。几回舟过严滩的王阳明，在此"顾瞻怅望"，在此留下了崇学大事"严滩问答"。

两过钓台而不登

严滩，是浙江省桐庐县境内富春江上游旧时的一段急流险滩。严滩也名严濑，是其古名严子滩（濑）的简称，此外还有严陵滩（濑）、子陵滩（濑）等多种称谓。显而易见，严滩得名于东汉高士严子陵。

这一段江滩还有另外一个得名于自然特征的古名，即源自"有风七里，无风七十里"古谚的七里滩（濑），从清朝开始又叫七里泷，沿用至今。

严滩之畔，富春山麓，有一处闻名遐迩的千古名胜，这便是严子陵钓台。它以严子陵不为汉光武帝刘秀高官厚禄所诱，在此隐居垂钓的故事而得名。范仲淹所写的"潇洒桐庐郡，严陵旧钓台。江山如不胜，光武肯教来"讲的就是这段历史。范仲淹出知睦州（桐庐郡）时，还在钓台修建严先生祠堂，

并撰文盛赞："先生之风，山高水长。"

王阳明与严子陵同为余姚老乡，严子陵钓台自然成了王阳明早就向往的地方。有他年轻时在杭州移居胜果寺的诗作为证："富春只尺烟涛外，时倚层霞望钓台。"

然而，从现在确知的史料看，王阳明生前两次"过钓台"，却始终"弗及登"。

王阳明第一次过钓台是明正德十四年（1519 年），他在鄱阳湖中仿效赤壁之战，平定洪都的宁王朱宸濠之乱。随后押送战俘朱宸濠赴京，顺流而下途经严子陵钓台。其时形迹匆匆，一掠而过。

而第二次过钓台，是在明嘉靖六年（1527 年），他受命赴广西平定西南部的思恩、田州土瑶叛乱和断藤峡盗贼。这一次，他在两位弟子护送下从绍兴经杭州，然后溯钱塘江富春江而上，又在桐庐知县沈元材的陪同下抵达严滩，建德知县杨思臣则专程顺流而下到桐庐境内的钓台下迎接王阳明。此次一来"兵革之役"公务在身，二来由于他体弱多病，力不从心，既肺病复发，又双足长疮，加上"微雨林径滑"的状况，王阳明只能望台兴叹。

向往建功立业

二过钓台而不登，王阳明写下了《复过钓台》一诗，他对钓台的向往与眷恋，对严子陵的敬仰与追慕，在这首诗中表露无遗。"仰瞻台上云，俯濯台下水"，一"仰"一"俯"，既是他对钓台的外在行为，更是对严子陵的内心态度。

这首诗之所以成为王阳明诗作中的代表作之一，主要就在于既表达了对严子陵这个历史人物的认识与评价，又表达了自己希望建功立业的决心。王阳明对家乡这位"年八十，终于家"的先贤，想来应该是十分敬仰的。诗中"高尚当如此""至人匪为己"的评价就相当之高。"至人"，是指古时具有很高的道德修养，超脱世俗，顺应自然而长寿的人。

然而，王阳明一贯具有强烈的建功立业愿望，这次即使体弱多病，他也领受"兵革之役"，最终踏上远征之旅。在这样的背景下，来到严子陵钓台，可以想见他的内心是矛盾的、复杂的。因而他既会有"人生何碌碌？高尚当如此"的羡慕，却又有"过门不遑入，忧劳岂得已。滔滔良自伤，果哉末难矣"的感叹。诗中最后一句"果哉末难矣"，典用的是孔子对话，表达了自己不会放弃、坚持到底的决心。

王阳明显然对此诗较为满意，写下一段按语后交给桐庐知县："右正德己卯献俘行在，过钓台而弗及登。今兹复来，又以兵革之役，兼肺病足疮，徒顾瞻怅望而已。书此付桐庐尹沈元材刻置亭壁，聊以纪经行岁月云耳。"

内心波澜徘徊

岁月如严滩急流，奔腾不息。想来当年沈知县应该将王阳明的诗刻置于亭壁，只是早已不复存在罢了。当年的急流险滩，如今已是碧波荡漾。王阳明曾经伫立的严滩畔，也已淹没在水里。幸有此诗并未湮没，让我们今天还能从字里行间，窥见他惆怅在严滩的模样，想象他内心徘徊的波澜。

顺带说一下，过去桐庐、严州编辑的诗集中，王阳明的桐庐诗只收入《复过钓台》一首。我在翻阅《王阳明全集》过程中，还发现他的一首《咏钓台石笋》：

> 云根奇怪起双峰，惯历风霜几万冬。
> 春去已无斑箨落，雨余唯见碧苔封。
> 不随众卉生枝节，却笑繁花惹蝶蜂。
> 借使放梢成翠竹，等闲应得化虬龙。

这是一首写景咏物诗，内容与严子陵钓台景致高度契合。这首七律观察细致入微，写景准确到位，尤其中间两联对仗工整；同时借物喻志，抒发情感，不愧是一首佳作。

王阳明的两位得意门生之所以一路护送至此，除了对恩师的敬重之外，另一个重要原因，是希望领受更多赐教。

尽管临行前王阳明已向他们着重阐释了四句教，可他们依然一知半解。于是，王汝中又以佛家实相幻相之说求教于先生。王阳明回答道："有心俱是实，无心俱是幻；无心俱是实，有心俱是幻。"

王汝中接着恩师的话，试探着问道："前所举，是即本体证工夫；后所举，是用工夫合本体。有无之间，不可致诘。"

王阳明莞尔一笑，表示赞同。并再次嘱咐两位弟子："二人正好互相为用，弗失吾宗。"稍停片刻，又重申道："可哉！此是究极之说。汝辈既已见得，正好更相切磨，默默保任，弗轻漏泄也。"

这一番严滩畔的师徒对话，让两位弟子视若珍宝，事后均撰文记述。后人将其命名为"严滩问答"，与"天泉证道"齐名。

天泉证道与严滩问答，是王阳明学问的总结性概述，充满着辩证的哲学思想，令人久久寻味。

行笔至此，我记起 2017 年初，华东师范大学哲学系教授方旭东，在桐庐县富春江镇孝门村和建德市安仁镇交界处的安仁精舍，举办了一场关于"严滩问答"的小型研讨会，我有幸受邀参加。席间我简要谈论了范仲淹与桐庐及严子陵钓台（严滩）之间的渊源。而对于"严滩问答"，我则在那次会议上才有了初步的了解。

如今的严滩，随着富春江水电站大坝的建成，形成了一段风光迷人的富春江小三峡。它水深静流，一如阳明心学，深不可测，唯有潜心研学，才有所获。

汤显祖与桐庐

汤显祖（1550—1616），字义仍，号海若、若士、清远道人，江西临川人，明代文学家、戏曲家，所居名玉茗堂。汤显祖出身书香门第，早有才名，不仅于古文诗词颇精，而且能通天文地理、医药卜筮诸书。万历十一年（1583）中进士，在南京先后任太常寺博士、詹事府主簿和礼部祠祭司主事。明万历十九年（1591）目睹当时官僚腐败愤而上《论辅臣科臣疏》，触怒了皇帝而被贬为徐闻县典史，后调任浙江遂昌知县，一任五年，政绩斐然，却因压制豪强、触怒权贵而招致上司的非议和地方势力的反对。万历二十六年（1598），汤显祖愤而弃官归里，逐渐打消仕进之念，潜心于戏剧及诗词创作。代表作有《紫钗记》《还魂记》（即《牡丹亭》）《南柯记》《邯郸记》等，被合称为"临川四梦"，尤其是《牡丹亭》，与王实甫的《西厢记》齐名，在中国和世界戏曲史上有着重要的地位。同时，他还是一位杰出的诗人，诗作有《玉茗堂全集》四卷、《红泉逸草》一卷、《问棘邮草》二卷。

汤显祖，由于正直，由于孤傲，由于不善逢迎，仕途上只是做了南京太常寺博士、礼部主事、浙江遂昌知县。但人们总不能忘怀的是他的铮铮傲骨、为国家利益敢于直谏，为百姓福祉勤政廉政、高尚脱俗的品格和他杰出的文学才华。汤显祖任遂昌令五年，其间他深入民间了解民情疾苦，修建尊经阁、启明楼，并为书院置备田产。据说汤显祖在任时广施仁政，允许犯人在春节时与家人团聚，受到百姓爱戴，以至于他离开遂昌十多年之后，还不时有百姓到临川来向他问候致意。汤显祖与桐庐的交集，源于他与朋友的关系。他于明万历二十二年（1594），特地从遂昌任上来桐庐、分水，拜访他的师友潘仲春，秉烛游瑶琳仙洞。桃溪畔也就留下了他深情的足迹和那永久弥香的诗韵。现存汤显祖一首诗记录了他来桐庐、分水的经过，诗名《分水县访桃溪潘公仲春，出桐庐，秉烛游仙洞，香袭人衣，十余里不绝》：

> 分水悬帆就索居，沾巾信宿下桐庐。
> 青山晚眺桃溪远，红树秋灯草阁虚。
> 仙洞半空行炬蜡，生香何处满簪裾。
> 开舟更下神灵雨，烟雾霏霏总袭予。

原来他是专程来桐庐、分水拜访师友潘仲春。潘仲春，字正和，嘉靖二十八年（1549）岁贡。父潘访卒，同兄孟春、弟应春于父亲墓旁筑庐守孝三年。此事感动官绅乡民，分水知县吴希孟为此作《潘氏三孝子传》。潘仲春早年以明经（贡生别称）官抚州府学教授，署临川、金溪二县，屡摄县事，有循良声。潘仲春在汤显祖家乡江西临川（今属江西抚州）为官时，非常赏识汤显祖的才华与品行，对他特别喜爱和极力拔举，对汤显祖有授业之恩。汤显祖后来果以其正直的品性和卓越的才华成为中国历史上的杰出人物，潘仲春亦成为相马识人之伯乐为上林称颂。

潘仲春家住在分水县与桐庐县交界之处桃源溪旁潘家村（今瑶琳镇潘联村）。桃源溪，即今瑶琳镇桃源村，发源于钟山静林寺、洪武山一带，绵延10多公里，汇入分水江，今潘家、桃源溪地名具在。时在金秋，汤显祖乘舟而来，仅带随从一人。一路上观赏沿途景色，不舍昼夜的分水江汩汩东流，分水江的两岸景色，可以说是一部单凭语言文字无法形容而是由境界酿成的朦胧诗卷。两岸诸峰时隐时现，忽近急远，笼罩在云气氤氲、雨意丝丝的空蒙之中，活脱脱一幅泼墨山水画，大有"妙处难与君说"的韵味。

其时，潘仲春已致仕在家，过着"闭户读书，卷羞留月"的隐士生活。当汤显祖一路问讯找到潘家时，可以想象，潘仲春一定是出乎意料，喜出望外。桃溪畔的潘家村是一个依山傍水的小村子，但又是一个充满野趣的地方。我们不妨想象：在一片乱石金滩的小埠头下了船，沙石滩上芦苇丛生，在秋风的吹拂下摇曳着浅红夹白的芦花，无人的野渡顾自横斜。远道而来的汤显祖穿小径，过阡陌，来到潘家草堂小楼。酒逢知己千杯少，师友相逢兴更浓。他们谈别后的境遇，谈宦途、谈诗文、谈人生，直至夜深。第二天，潘仲春携汤显祖游桃溪，还游览了潘家村附近的瑶琳洞。从诗中，我们似乎可以想象他此行的情景：

瑶琳仙境

　　时近傍晚，帆船缓缓地靠近潘家村。青山晚眺，桃溪渐渐远去，沿途枫树、柏树上的枝叶渐被秋风染红，农家草舍窗户里透出闪烁着暗淡明灭的灯光。拜访结束，当要离开故友时，空中飘落起秋雨，天也渐渐暗淡下来，烟雾霏霏，汤显祖还高兴地称它为神灵之雨，似乎也在挽留汤显祖的归舟……

　　一个连几位宰相（张居正、张四维、申时行）几多权臣三番五次请都请不动的汤显祖，这次他却不怕路远，不请自来桐庐、分水，访师友、游仙洞，这是什么原因？可见汤显祖是一个重情重义之人，体现了他对潘仲春授业栽培的感恩之情，也表达了他对瑶琳仙洞浓厚的游兴。同时这一次出访，也留下了一代戏曲大师与桐庐结缘的一段佳话。

　　（本文参考王顺庆先生《汤显祖的桐庐之行》，在此向王顺庆先生表示感谢。）

大明最牛的文坛盟主——王世贞

王世贞（1526—1590），字元美，号凤
洲，又号弇州山人，苏州太仓（今江苏省太
仓市）人，明代文学家、史学家、书法家。

王世贞其人

王世贞出生于江南望族太仓王氏。祖父
王倬曾任南京兵部右侍郎，为弘治正德年间
名臣。他的父亲王忬，当任总督蓟辽右都御
史兼兵部左侍郎，为嘉靖年间名臣。王世贞
"生而美姿貌，风采玉立。"他不但长得很帅，还自幼聪明好学，读书过目不
忘，是典型的"别人家的孩子"。

王世贞像

嘉靖二十六年（1547），21岁的王世贞高中进士。少年得志，往往恃才
傲物。进入仕途后，他因多次得罪权相严嵩和他的儿子严世蕃。个人付出了
沉重代价，也给父亲引来杀身之祸。王世贞虽然"高富帅"，人生似乎并不一
帆风顺，嘉靖、隆庆、万历三朝，他先后做过大理寺左寺、刑部员外郎和郎
中、山东按察副使青州兵备使、浙江左参政、山西按察使，万历时期历任湖
广按察使、广西右布政使，郧阳巡抚，后因得罪张居正罢官。宦海浮沉，张
居正死后，王世贞重新启用，复为应天府尹、南京兵部侍郎，累官至南京刑
部尚书，成为掌管全国司法和刑狱的二品大臣。

王世贞为文章大家，进士及第后任职刑部，结识与李攀龙，共同创立诗

社。到嘉靖中期，以他们为首的"后七子"在文坛举起复古的大旗，声势赫然，为众人所瞩目。李攀龙去世之后，在隆庆末年到万历前中期，处在人生暮年的王世贞，以文坛前辈的身份领导了这一时期的文坛，成为"后七子"复古理论的集大成者，大明最牛的文坛盟主。他著有《弇州山人四部稿》《弇山堂别集》《嘉靖以来首辅传》《艺苑卮言》《觚不觚录》等 500 多卷。《明史·王世贞传》这样评价他："独操柄（文坛）二十年。才最高，地望最显，声华意气笼盖海内。"

此外，坊间传说王世贞还有一个笔名——兰陵笑笑生，情色小说《金瓶梅》就是他创作的。当然，这仅仅是个传说，学术界对于这部香艳小说作者最终尚未定性，但王世贞无疑是《金瓶梅》作者呼声最高的那个。

王世贞是分水伊山王氏后裔

据琅玡王氏家谱记载：五代时，镇海节度衙推王仁镐定居浙江分水，成为分水伊山王氏始祖。到宋代，伊山王氏王缙考取了进士，官至左司谏。王缙之后，伊山王氏日盛，成为当地名门望族。王缙的六世孙王梦声为南宋咸淳进士，授迪功郎秘书省谏阅。入元后，做 40 多年昆山州学正（相当于今天的教育局局长）。

王梦声非常喜欢苏州一带的风土人情，便选择在一个叫唯亭的地方定居下来。唯亭东临苏州、西接昆山、北濒阳澄湖，土地资源丰富。王梦声带领家人，开渠筑堤，改善排灌设施。他不忘故土，把最大的防洪堤命名为"分水堤"，勒碑堤上。

王梦声迁徙至苏州后，子孙世代显赫。四世孙王琳，为明南京兵部右侍郎。传至第五、六代，此后科甲蝉联，门第常青。至第八代时，王世贞以文学名满天下，是明朝中叶的文坛领袖，王氏家族也因之达到辉煌的顶点。明末清初，以诗书为主流的家族文化又绽开了丹青艺术的奇葩，至第十一代时，王鉴、王时敏成为清初画坛领袖。

王世贞与桐庐

嘉靖三十八年（1559），王世贞遇到人生第一次严重危机。他的父亲王忬得罪内阁首辅严嵩，被"下狱论死"，王世贞辞去山东按察司副使官职，与刚中进士的弟弟王世懋一起跑到京城，每天在严嵩门外长跪自罚，请求宽免。严嵩不为所动，最终王忬还是被处死刑。

隆庆元年（1567），穆宗登基，严嵩垮台，王世贞父亲王忬平反昭雪。隆庆三年（1569），王世贞重新得到起用，赴任浙江参政。这年秋天他途经桐庐，登钓台，写下辞赋名篇《钓台赋》。《钓台赋》开头这样描写："指桐庐，下建德。芊眠衣云，蝉缓绣壁。飞湍激流，千丈缥碧。澄淳皎镜，下数白石。"王世贞这次桐庐之行，虽在秋霜摇落之时，秋月黄昏之际，但心情很好，对桐庐的山水感觉更好。

万历二年（1574），王世贞升任太仆卿。从广西进京，他又一次途经桐庐。作为文坛领袖、史学家兼书画鉴藏家王世贞，"士大夫及山人、词客、衲子、羽流，莫不奔走门下。"（《明史·王世贞传》）走到哪里都会有一大帮小文人、甚至还包括僧人、道士跟着捧着。这次他带的是吴门画派的名家张复。张复是他太仓同乡，年龄相差二十岁，王世贞称张复为"小友"，经常邀其作画、一同出游，并介绍给友人，对这位晚辈画家颇为赏识。他们一路走，一路画，先后创作了 50 幅作品。后来，张复根据他与王世贞一起采风取得的素材，创作了长达 12 米的山水长卷《桐庐山水》。

王世贞多次游历桐庐，对富春山水，钓台、桐君山等人文景观情有独钟，先后写有《严州有感》《送龚大理出教授严州二首》等诗。其中《自富春至桐庐道中》这样写道：

扬帆溯流江，秋色竞纷纷。

翠荇波仍绣，丹枫壁自文。

路疑千里远，山为一江分。

夕阳高低出，滩声远近闻。

薜衣过木客，椒酒奠桐君。

对万历二年（1574）携张复采风经历，王世贞念念不忘。一次，曾经收藏和背临过《富春山居图》的吴门画派领袖沈周请他为新作《钱塘山行图》

题跋。他回忆往事，写道："余尝从桐庐陆行至钱塘，诸山不甚道耸而掩映草树出没庐井，甚有意态。峰峦翠色欲滴，白云间之，时时道垒，江上沿洄渺弥，帆樯相望，又别一境界也。"

王世贞作为明代文坛盟主、文学巨匠，在诗词、文章、戏剧、史学上皆有建树，他生前的影响不仅在大明，在同时代的朝鲜，他的书法深受文人欢迎。王世贞为桐庐创作的文学作品是他为我们留下的富贵财富，他与桐庐的渊源更是值得我们进一步挖掘和研究。

千古奇人徐霞客

徐霞客（1586—1641），名弘祖，字振之，号霞客，明朝南直隶江阴（今江苏江阴市）人。明地理学家、旅行家和文学家，地理名著《徐霞客游记》的作者，被称为"千古奇人"。他从万历三十六年（1608），22岁正式出游，直到54岁逝世，足迹遍及相当于现代的21个省、市、自治区，遍及大半个中国。徐霞客每跋涉一天，都坚持把这天的考察记录下来，并形成《徐霞客游记》。

徐霞客像

《徐霞客游记》开篇之日（5月19日）被定为中国旅游日。

现存《徐霞客游记》第一卷记载了他游历桐庐的经过。徐霞客这次桐庐之旅时间只有一天半，但他在我县境内所进行的地理、经济、物产、旅游等方面的科考价值，对桐庐经济社会的发展具有十分深远的现实意义。

翔实的地名记载和地理描述

徐霞客游历的现桐庐境内游线，在明代涉及于潜、分水、桐庐三县。《游记》中记载了19处桐庐地名。分别是：马岭、（邱）渚埠、兑口桥、板桥、保安坪、玉涧桥、焦山、旧县、七里（垅）等。

徐霞客无愧为地理学家，从马岭进入桐庐境，一开始步行，《游记》中对桐庐水文、山川、道路的记载十分详细、精准；对地势地貌的描写形象、准确。"南二里，上马岭，约里许达其巅"，短短的几个字，把自己攀登马岭所走的路程、方位、路的陡峭描写得清清楚楚。又如"下马岭，南二里为内楮村坞，又一里为外楮村坞"；"随山坞西南七里，过兑口桥，岐分南北，北达于潜可四十里，南抵应渚埠十八里"；"八里，过板桥"；"下舟东南行十里，为分水县"等等，把每一地理位置的空间距离记载得明明白白。在他所经之地的水文记载上也具体翔实。如"岭以北属新城，水亦出新城"；"水由应渚埠出分水县"；"桥下水自西坞来，与前水合"；"于潜水固不敌昌化"；"会于应渚，而水势始大"等等。

徐霞客对他所经过的山势描写尽管惜字如金，但形象生动。如对马岭只用了一个"巅"字、下马岭用了一个"坞"字。走过玉涧桥后"山始大开"，到达分水则其西"山势豁达"，让山区峡谷的地形地貌一目了然。

精准的经济发展和物产记录

下马岭后，他发现在这"山高皇帝远"的地方，竟然盛产"楮"树（楮，原为构树，树高大，叶似桑，多涩毛，皮可造纸，故纸亦称楮），当地人也以造纸为业。看样子，徐霞客并没走马观花，造纸业在当时的分水一带已非常发达。

徐霞客对沿途的市场观察细微，在玉涧桥他看到"居市亦盛"；随着山势豁达，人口居住的增加，焦山"居市颇盛"；到了县城的"滩上"，则"米舟百艘，皆泊而待剥"，呈现出一片交通繁忙、商贾云集的繁荣景象。

徐霞客旅桐次数考辨

在阅读《徐霞客游记》时，我发现，他对分水江、富春江一带的记录十分简略，甚至可以说是一笔带过。徐霞客在地理学上有一个重要成就，就是对喀斯特洞穴的特征、类型及成因，有详细的考察和科学的记述。桐庐多溶洞，有瑶琳仙境、垂云通天河等，徐霞客因为担夫突然逃逸而放弃对溶洞进行科考？桐庐境内的桐君山、严子陵钓台是古代文人的精神家园，可以说，历代文人骚客纷至沓来，徐霞客因为"偶假寐"错过了？

针对这一问题，我反复研读了《徐霞客游记》，结论只有一个，桐庐之旅肯定不止一次。

徐霞客在《闽游日记前》中写道："崇祯皇帝改年号的那年（1628）二月，我萌发出游福建、广东的兴致。二十日，才动身启程。三月十一日，到达江山县的青湖，是沿进入福建省的陆路走的。"从文中不难看出，他二十日出发，三月十一日到达江山县，途中21天，肯定途经桐庐等地。

《闽游日记后》又记道："庚午年（崇祯三年，630）春季，任漳州府推官的族叔催促我们去他的官署。我计划今年暂时停止出游，但漳州的使者不断地来请，叔祖念获翁，年岁已高，还冒着酷暑，来家中坐着催促，于是在七月十七日启程出发。二十一日到达杭州。二十四日渡钱塘江，水面平静，不起波浪，犹如走平地。二十八日到达龙游县，找到去青湖的船，距离衢县还有二十里，船在樟树潭停泊。"徐霞客的这次福建之行写得比较明确，二十四日从杭州钱塘江逆流而上，经富春江，二十八日到达龙游，桐庐是必经之地。

徐霞客这两次途经桐庐，文中未作详细记载，只能说明一个问题，他之前已经来过桐庐等地并写有日记。只是这些日记已经散失。由此推论，徐霞客的桐庐之旅应该不少于四次。

徐霞客的每次桐庐之旅，都是一次人文之旅，物产之旅、地理之旅，也是智者之旅，《游记》被后人誉为"世间真文字、大文字、奇文字"，为后人对当时的自然风貌和经济社会的全面了解，留下了文字记录，是十分珍贵的历史、地理、文学和自然科学文献。挖掘徐霞客文化，提高旅游文化品位，不失为有其历史必然性和时代可行性，对于桐庐旅游发展，乡村振兴，意义深远。

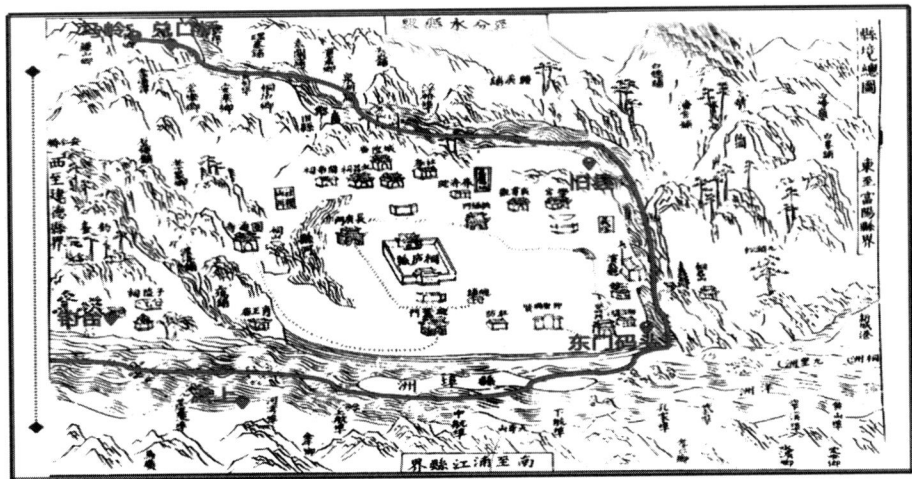

徐霞客《浙游日记》记载桐庐游线

袁枚妙笔赞桐江

袁枚（1716—1798），字子才，号简斋，晚年自号仓山居士、随园主人、随园老人。钱塘（今浙江省杭州市）人，清朝诗人、散文家、文学批评家和美食家。

袁枚少有才名，擅长诗文。乾隆四年（1739），进士出身，授翰林院庶吉士。乾隆七年（1742），外调江苏，先后于溧水、江宁、沭阳等地任县令七年。他为官勤政，颇有声望，但仕途不顺，无意吏禄。于乾隆十四年（1749），33岁的袁枚辞官隐居于南京

袁枚

小仓山随园，读书、写作、吟咏、会友、收徒，不亦乐乎。他广收诗文弟子，尤其是女弟子，这在当时绝对称得上是一个创举。因为在封建社会，女性普遍受到歧视，不受重视。袁枚能突破这种封建藩篱，说明他特立独行的风格。真如前面讲到的，在人家还没有出道，他才30出头，就辞官隐居了，也说明他有率真、洒脱的性格。嘉庆二年（1798），袁枚去世，享年82岁，世称"随园先生"。

乾隆四年（1739），24岁的袁枚参加朝廷科考，二甲第五名中进士，选中翰林院庶吉士。

乾隆七年（1742），袁枚27岁被外调做官，曾任沭阳、江宁等地做知县。袁枚官不大，但他每到一地，推行法制，不避权贵，颇有政绩。

袁枚倡导"性灵说",主张诗文创作应该抒写作者的性灵,要写出诗人的个性,表现诗人生活遭遇中的真情实感。袁枚与赵翼、张问陶并称"性灵派三大家",文笔与赫赫有名的大学士纪昀(纪晓岚)齐名,时称"南袁北纪"。主要著作有《小仓山房文集》《随园诗话》及《随园诗话补遗》《随园食单》《子不语》《续子不语》等。

袁枚是诗人,更是炒作营销高手。他单靠卖书一年就能赚取三千两白银。

袁枚是才子,也是玩跨界的高手。《随园食单》奠定了他"中国食神"的地位,在美食著述方面,连被称为"天下第一美食家"的苏东坡都不及他。

袁枚是大咖,更是"网红富商"。他以300两白银买下隋氏废园(这个隋园据说是红楼梦大观园的原型),经过因地制宜、顺应自然的改造提升,将它建成为一个集山水人文景观于一体、清幽迷人、著名一时的私家园林,并改名为"随园",随意的随,很能反映袁枚的个性。袁枚以此吸引四方诗人到随园来聚集,以诗会友,过起了辞官归隐的逍遥生活。而且袁枚通过随园的土地承包、酒店经营、收徒教培,以及诗文、书法润笔服务等综合经营,使他一举成为清代乾嘉时期最有名望的富豪,把日子潇洒地过成了别人的终极梦想。

袁枚与桐庐有什么关系呢?

袁枚是清朝名声显赫的诗人、散文家、文学批评家,同时也是非常有名的"吃货"美食家,被誉为"食神"。袁枚非常喜爱桐庐富春江山水,曾多次来桐庐游历,欣赏桐江山水,吟咏严子陵钓台,品尝桐庐美食。在袁枚晚年的时候,一次他从天台回杭州途经桐庐,一气呵成写下了四首七绝《桐江作》表达他对桐庐的喜爱之情:

其一

桐江春水绿如油,两岸青山送客舟。

明秀渐多奇险少,分明山色近杭州。

其二

兰溪西下水萦回,吩咐船窗面面开。

紧记心头须早起,明朝无数好山来。

其三

七里泷边水竹虚，烟村约略有人居。

鹭鸶到此都清绝，不去衔鱼看钓鱼。

其四

久别天台路已迷，眼前尚觉白云低。

诗人用笔求遒峭，何不看山到浙西？

袁枚的这四首七绝《桐江作》是山水诗，诗的意思非常直白易懂，诗中袁枚对桐江山水的赞美之情溢于言表。我们来简单理解一下诗的内容。

第一首："桐江春水绿如油，两岸青山送客舟。明秀渐多奇险少，分明山色近杭州。"袁枚妙笔赞美春天桐庐富春江的水"绿如油"，妥妥的"一江桐庐色"。富春江两岸的青山呢，似乎在目送他们乘船而下。船出了桐庐以后，视界逐渐开阔平缓，奇山异水的景观少了，很快他们就到了杭州啦。由此可知，袁枚的诗句也佐证了桐庐是黄公望《富春山居图》的核心实景地。

第二首："兰溪西下水萦回，吩咐船窗面面开。紧记心头须早起，明朝无数好山来。"袁枚一行从兰溪江顺水而下，只见江面水流萦回，微波荡漾，袁枚让船老大打开船窗，尽情地欣赏。忽然想起，明天将进入富春江，有无数的山水好景，所以今天晚上早点休息，明天早点起来，绝对不能错过欣赏桐庐这好山好水的好机会。

第三首："七里泷边水竹虚，烟村约略有人居。鹭鸶到此都清绝，不去衔鱼看钓鱼。"袁枚一行来到了桐庐境内，七里泷是现在富春江镇的俗称，这里指富春山严子陵钓台一带。这里富春江两岸一带的景色像国画一样，水边的村庄看上去掩映在烟笼的竹林之中，隐约感觉到有人家居住。这里的鹭鸶也表现得极为"清绝"，竟然"不去衔鱼看钓鱼"。这两句拟人的笔法写得非常的妙，妙就妙在袁枚通过写鹭鸶的"清绝""看钓鱼"，来写人的清绝和潇洒，来赞扬严子陵先生的高风亮节，表达了袁枚对严先生的敬仰之情。这首诗借景抒情，情景交融。

第四首："久别天台路已迷，眼前尚觉白云低。诗人用笔求遒峭，何不看山到浙西？"天台是浙东唐诗之路的重要节点，诗人袁枚从天台到桐庐，虽然没过几天，但觉得已经很久了，感觉有些迷糊，为什么呢？因为袁枚已经融入了富春江山水之中，连天上的白云也似乎伸手可及，他怀疑自己是否进入了仙境，天台的印象在脑子里显得有些模糊了。心里想当时参加浙东唐诗之路采风的这些诗人啊，你们总想把诗文写得曲折多姿，可你们为什么不到浙西来看看桐庐富春江"天下独绝"的美丽山水呢？"诗人用笔求逋峭，何不看山到浙西？"这句诗用现在的大白话来讲就是：你们这些诗人啊，要想写出极好的山水诗，为何不到桐庐来，何必在天台那样花那么多的心思呢？袁枚用一个设问句，非常巧妙地表达了他对桐江山水的高度赞美，也从另一个侧面为桐庐做了一个绝佳的推介广告。

袁枚的四首七绝《桐江作》确实是写"绝"了，每一首都有一个"硬核"的诗意表达，对于推介桐庐富春山严子陵隐逸文化、桐庐《富春山居图》实景地、钱塘江诗路核心地（唐诗西路），都具有十分重要的意义。

袁枚还在《随园诗话》中引用陈浦的诗，其中有"放眼古今多少恨，可怜身后识方干"两句。从此，让唐代布衣诗人桐庐人方干成了"身后识方干"这个成语的主角，一直沿用至今。

桐庐江上"一帆行"的纪昀

纪昀（1724—1805），字晓岚，别字春帆。历雍正、乾隆、嘉庆三朝，因他"敏而好学可为文，授之以政无不达"（嘉庆帝御笔碑文），卒后谥号"文达"，乡里世称文达公。在文学作品、影视作品、通俗评论中，纪昀以字行，常被称为纪晓岚，是清朝乾隆年间的著名学者和政治人物。纪昀31岁考中进士，官至礼部尚书、曾任《四库全书》纂修官，撰写了《四库全书总目提要》。代表作有《阅微草堂笔记》，以记述狐鬼故事、奇特见闻为主，是以笔记形式写成的志怪小说。

纪昀

关于纪晓岚的电视剧有很多，《风流才子纪晓岚》《铁齿铜牙纪晓岚》都是家喻户晓的电视剧，足见纪晓岚是一个很有传奇故事的清代官员。这位大名鼎鼎铁齿铜牙的纪晓岚，也特别喜欢富春江，喜欢桐庐及严陵一带的山水，多次游历后吟诗感叹《富春至严陵山水甚佳》，仿佛跟袁枚赛诗一般也一口气写了四首七绝：

其一

沿江无数好山迎，才出杭州眼便明。

两岸濛濛空翠合，琉璃镜里一帆行。

其二

浓似春云淡似烟，参差绿到大江边。

斜阳流水推篷坐，翠色随人欲上船。

其三

烟水萧疏总画图，若非米老定倪迂。

何须更说江山好，破屋荒林亦自殊。

其四

金碧湖山作队看，沙鸥却占子陵滩。

武林旧事依稀记，待诏街头卖牡丹。

让我们来理解这四首诗。

其一

沿江无数好山迎，才出杭州眼便明。

两岸濛濛空翠合，琉璃镜里一帆行。

这首绝句写纪晓岚由富春至严陵旅行途中所见。富春，古时指富阳、桐庐一带。严陵，指桐庐富春山。富春至严陵山水甚佳，描写了桐庐富春江一带春日美丽如画的景色，可谓是"奇山异水，天下独绝"。

第一句"沿江无数好山迎"，用一个"好"字对青山之美作了高度概括，且以"无数"形容，令人有目不暇接之感。"迎"字将山水拟人化，使人感到亲切。第二句"才出杭州眼便明"，可见纪昀是从杭州坐船溯江而上，一路上看到富春江这一带的青山秀水，感觉比杭州西湖更胜一筹。只见富春江两岸烟雨空蒙，翠色宜人。纪昀乘坐的篷船扬帆而上，好像航行在琉璃镜里，使人心旷神怡。纪昀又字"春帆"，诗中"一帆行"，一语双关。

其二

浓似春云淡似烟，参差绿到大江边。

斜阳流水推篷坐，翠色随人欲上船。

这首诗非常有镜头感，突出了视觉场景。好似春天的云彩那样浓厚，又好似薄烟那样轻淡，绿树的长短影子映在江面上，夕阳斜下，不禁推开船篷坐下，富春江山水一片翠色似乎涌上了船头。诗歌描绘了富春江沿途山明水秀的动人景色，犹如一幅充满诗情画意的山水画。语言清晰明朗，比喻贴切生动。斜阳下，一只篷船行驶在富春江中，两岸景色吸引了坐在船中的诗人，他不禁推开船篷，想使两岸景色尽收眼底。富春江山水最鲜明的特点是一片青翠碧绿，又是"一江桐庐色"！两岸山峦林木茂密；江中绿水涟漪，这里简直无处不绿，使纪昀感到这一片翠色正在紧紧地追赶着他，甚至似乎涌上了船头。诗句中"绿到江边"，"翠色上船"等词语，集中强调了桐庐严子陵钓台一带富春山水的"绿"。纪昀运用比喻、拟人的修辞手法，表现得十分生动形象。这首诗清新活泼，写出了桐庐富春江山水鲜活的生命。

其三

烟水萧疏总画图，若非米老定倪迂。

何须更说江山好，破屋荒林亦自殊。

这组诗题目中"甚佳"二字就竭力传达出纪昀对桐庐富春江这一带山水的喜爱。这四首诗我也特别喜欢，常常吟诵，其中一二两首经常作为推介桐庐的诗句。第三首，我县著名作家董利荣在《桐庐山水诗中的最佳比喻》一文中作为论据之一作了赏析。的确，烟水萧疏的桐庐山水看去总像图画一样美，如果不是出自米芾画笔那就一定是倪瓒画的（米芾和倪瓒都是历史上非常著名的书画家）。如此美丽的江山何须夸赞，哪怕破屋荒林都别有风韵啊。

其四

金碧湖山作队看，沙鸥却占子陵滩。

武林旧事依稀记，待诏街头卖牡丹。

这四首诗的前三首都是写景诗，第四首借景叙事，借景议事。前面诗中称富春江两岸"无数好山""参差绿""翠色"。这首用"金碧湖山作队看"来描述富春江严子陵一带的山水，与前面一脉相承。"沙鸥却占子陵滩"一句切入全诗的核心意涵，从纯粹的景观转入人文。"子陵滩"这里指富春山严子陵钓台。大意是原来先生的隐居圣地，眼下却被"沙鸥"占了。接着，纪昀笔锋一转切入正题，"武林旧事依稀记，待诏街头卖牡丹"，《武林旧事》为南宋周密所著，武林就是南宋京城临安（杭州），诗中"武林旧事"代指南宋的兴衰史，从繁华走向衰败，以至于像在皇帝身边的"待诏"这样的朝廷官员，也落魄到了上街以卖花为生的地步。"依稀记"就是向世人提出警醒，南宋的历史教训不能忘记，以免重蹈覆辙。纪昀在游览桐庐富春江山水美景的时候，心里却在思考历史的教训。纪昀的危机感集中反映了他对于江山社稷的深刻思考和家国情怀。

刘嗣绾的绝妙山水诗

　　历代咏桐庐山水的诗人数以千计，名篇佳作脍炙人口者，唐代有吴融的：
"天下有水亦有山，富春山水别人寰。长川不是春来绿，千峰倒影落其间。"
杜牧的："州在钓台边，溪山实可怜。有家皆掩映，无处不潺湲。"韦庄有：
"钱塘江尽到桐庐，水碧山青画不如。白羽鸟飞严子濑，绿蓑人钓季鹰鱼。"
北宋范仲淹有："潇洒桐庐郡，严陵旧钓台。江山如不胜，光武肯教来。"苏
东坡有："三吴行尽千山水，尤到桐庐更清美。"南宋陆游有："桐庐处处是新
诗，渔浦江山天下稀。"元代李桓有"天下佳山水，古今推富春"，俞颐轩有：
"潇洒桐庐郡，江山景物妍。问君君不语，指木是何年。"明代姚夔有："桐庐

桐庐江上

之山郁以纤，桐庐之水清且迂。襟江带溪泻澄练，锦峰秀岭列画图。"然而在众多名篇中，把桐庐山水特征写到极致的却是一位清代诗人——刘嗣绾。

刘嗣绾（1762—1821），字醇浦，号芙初，阳湖（今江苏武进）人，清嘉庆进士、翰林，乾嘉时期骈文作家。专长诗、词、骈文。少颖异，识量过人。早游京师，知名于时。嘉庆十三年，（1808 年）会试第一，卷进呈，帝道："朕久知其名，可谓得士矣！"廷试改翰林院庶吉士，散馆，授编修。和平安雅，见义无不为。年五十九，丁母忧，以毁卒。著有《尚絅堂集》。刘嗣绾早年得志，但仕途坎坷，一生颠沛流离，过着科举游幕生活，曾往来桐庐多次，他在《自钱塘至桐庐舟中杂诗》中写道：

> 一折青山一扇屏，一湾碧水一条琴。
> 无声诗与有声画，须在桐庐江上寻。

首句运用远景视角，以一折青山比喻一扇画屏，形象地写出了桐庐富春江两岸群山连绵起伏，重重似画，曲曲如屏的真实景象，比喻形象贴切，清新婉约，非常符合桐庐富春江两岸群山的特征。苏东坡游览桐庐富春江，他在《行香子》词中，把桐庐山水以"重重似画，曲曲如屏"喻之，当然也非常贴切，然而苏词画面意境，着重体现的是桐庐山水远阔朦胧的笔墨意境，而刘嗣绾以一折一扇，突出富春山水一段之美，大有窥一斑而知全豹，见一僧而知古寺之妙境，以此来看，刘嗣绾的表现手法更胜一筹。

然后运用近景，笔锋一转，"一湾碧水一条琴"顺势而出，一湾碧水写出了富春江旖旎宁静的特征，似乎让人看到了绿水青山相互映照的优美景色，一条琴的出现，一下使画面有了声音动感。在一湾碧水宁静处，一位高人，临水隐身，抚琴一曲，高山流水之音飘荡在山水之间，余音袅袅，让人尽情想象，如痴如醉。一折青山，一湾碧水，一条古琴，一幅高山流水遇知音的动态画面跃然而来。

于是乎，诗人自问自答："无声诗与有声画，需在桐庐江上寻。"山水为无声之诗，琴声为有声之画，如此画境，何处可寻？诗人以一位游览富春江游客的真实感受，替桐庐代言：此情此景，只有桐庐江上可以找寻。这首诗，

刘嗣绾的绝妙山水诗

起承转合，一气呵成，视听转换，巧妙自然，自问自答，水到渠成。把桐庐山水潇洒宁静，秀丽优美的特征表现得淋漓尽致，堪称历代诗人咏桐庐山水的极致之作。

除《自钱塘至桐庐舟中杂诗》外，刘嗣绾写桐庐的作品还有《告严子陵庙文》，开篇即写道："嘉庆乙丑八月廿有七日，余往婺州道过桐庐。"可知该文的创作时间是 1805 年，由此推断《自钱塘至桐庐舟中杂诗》的创作时间大致也在这一时期。

设计"嘉欣园"的康有为

在诸多与桐庐有关的历史人物中，康有为是较为特殊的一位。大多数来过桐庐的历史名人，一般只是写下赞美富春江的著名诗文，或者留下描绘富春江山水的传世画作。而康有为则三次来到桐庐，在桐庐生活过一段时间，不仅留下了他的题字作品，还有他主持设计而建造的房子实物遗存。

众所周知，康有为是晚清时代社会转型前期非常著名的一个重要人物，出生于1858年，原名祖诒，字广厦，号长素，海南人，人称"康南海"。康有为是中国晚清时期重

康有为

要的政治家、思想家、教育家、资产阶级改良主义的代表人物。清光绪年间进士，官授工部主事，古代工部是掌管工程营建一个部门，相当于现在的建设部。

康有为自幼学习儒家思想，20岁左右开始接触西方文化。吸取了西方传来的进化论和政治观点，初步形成了维新变法的思想体系。

1891年后，康有为在广州设立"万木草堂"，收徒讲学，弟子有赫赫有名的梁启超、陈千秋等人，可见康有为在当时的地位和影响力了。

1895年，康有为到北京参加会试，得知清政府与日本明治政府签订了丧权辱国的《马关条约》，他联合1300多名举人，上万言书，即"公车上书"。

当年 5 月底，他第三次上书，得到了光绪皇帝的赞许。7 月，他和梁启超创办《中外纪闻》，不久又在北京组织"强学会"。

1897 年，德国强占胶州湾，康有为再次上书请求变法。次年 1 月，光绪皇帝下令康有为陈述变法意见。他呈上《应诏统筹全局折》，又进呈所著《日本明治变政考》《俄罗斯大彼得变政记》二书。4 月，他和梁启超组织"保国会"，号召救国图强。6 月 16 日，光绪帝在颐和园勤政殿召见康有为，任命他为总理衙门章京，准其专折奏事，筹备变法事宜，史称"戊戌变法"。后因慈禧太后干预，维新运动失败。变法失败后，光绪皇帝被软禁。康有为逃往日本，直到辛亥革命以后的 1913 年才回国。

康有为以他所处的时代，先行看到了国家的危机，并进行了大胆的变法尝试，作为晚清社会的活跃分子，康有为倡导维新的思想体现了历史前进的方向，为孙中山领导的辛亥革命做了实践上的指导。

了解了康有为的简要介绍之后，我们来说说康有为与桐庐的渊源。本期的题目是《"嘉欣园"设计者康有为》，那么先让我们来了解一下"嘉欣园"是怎么回事。

嘉欣园坐落于富春江镇俞赵村，是当时村里的富商俞英耀的私家庄园。那嘉欣园又怎么会由康有为来设计的呢？说来也有一段佳话，故事得从俞英耀说起。

俞英耀，字子联，出生于 1871 年，是清末民初桐庐乃至严州地区的知名乡绅和儒商，曾任桐庐县商会会长，桐庐县城的绸缎庄、布店、南货店，不少是他的产业，被称为"子联店王"。说明他店开得多，开得大，会经营，生意做得好。他还首创桐庐至杭州的轮船公司，任董事长。俞子联为人非常慷慨直爽，喜好书画，且爱结交文人墨客，故有"儒商"之美誉。他在大上海的北市今闸北一带经营药材生意。1898 年，俞子联在"强学会"募捐大会上，慷慨捐资 3000 大洋，活动的发起人湖广总督张之洞非常感激，并介绍与康有为相识，两人一见如故，颇为投缘，从此结为好友。康有为是"戊戌变法"的首领，博学多才，善书法，他著述很多，其中《大同书》《中庸注》《论语注》享誉中外。

康有为与俞子联结为好友以后，还带俞子联到北京，认识了不少朋友。